給食の先生が
つくる

家族に
愛されごはん

FOOD LOVED BY THE FAMILY

aoi 著

Introduction

はじめまして、aoiです！
たくさんのレシピ本の中から、この本を手に取っていただきありがとうございます。

私は、料理が大好きな母のおかげで幼い頃から料理に触れ、
手伝いをし、手づくりのごはんを食べて育ちました。
そんな私は現在、食に関する仕事に就き、仕事でも家庭でも365日料理をつくっています。

保育園で栄養士をしていた際に、
給食の献立を立てたり、給食を食べる姿を見たり、食育を実施するなか、
多くの子どもたちや親御さんとふれあってきました。

その中でもよく聞く悩みが、
「子どもが給食は食べるけど家では食べない」
「栄養がきちんと摂れているか不安…」
「献立を立てるのが苦手」

じゃあ家でも給食のごはんがつくれたら、
少しでも不安が減って、笑顔が増えるのではないか？ と思いました。

そこで「給食」という誰もが食べて育ってきたものをもっと広めたく、
「子どもは楽しい時間」「大人は懐かしい」
そんな気持ちを家でも楽しんでほしいと思い、
この一冊に詰め込みました。

私自身2人の子どもを育てているので、時間のかかるごはんをつくるのは厳しいです。
「手を抜きたいけど栄養は摂りたい」というワガママから生まれた
料理の時短術や栄養の知識が盛りだくさんです。

この本は、
「少ない品数でも、栄養バランスが整う献立が立てられるような仕掛け」になっています。
料理のレパートリーを増やしたい方も
料理が苦手な人でも気軽に試せるレシピを133品掲載しています。

たくさんの方の悩みが解決する一冊が完成しました。

一品でもお気に入りのレシピが見つかると嬉しいです。
みなさんの食卓に笑顔が増えますように。

aoi

自己紹介＆栄養献立のコツ

Instagramを始めたきっかけ

Instagramを始めたのは2022年。当時育休中だったこともあり、暇さえあればSNSでレシピ検索をしていて「救われた」「新しい発見があった！」と楽しみながら見ていました。そこで、私自身も今までの経験と知識を発信することで"少しでも誰かの役に立てたらいいなぁ"という期待を胸にInstagramを始めることにしました。

料理の撮影も動画の編集も一度も経験がなかった私。いざやってみると楽しくて、こんな世界もあるんだなと最初はSNSの世界に慣れませんでしたが、続けられているのは、いつも応援してくれているフォロワーさんやこの本を手に取ってくれている方々のおかげです。

あらためて、いつも応援ありがとうございます。

料理との向き合い方

料理は楽しむこと──。

そう思わせてくれたのは息子が産まれ、初めて離乳食をつくったときでした。

当時は添加物が気になってしまい、すべての成分を確認して料理をつくっていました。気にしすぎるあまり、とても苦しい思いをして、食べることすら辛くなってしまい、「このままでは料理が嫌いになってしまう」と強く不安になりました。

これから子どもたちに何をつくっていけば良いのだろう。そう思ったとき、はじめて添加物についての理解を深め、けして悪いことばかりではなく、むしろあるからこそ私たちが楽に過ごせたり、便利な食べ物があると思うようになりました。子どものおかげで料理を楽しくつくって、楽しく食べる。そんな基本的なことをあらためて気づくことができました。知識は「選択肢を広げるためにあるもの」だと思うので、私はこれからも勉強し、発信していきます。

栄養をとらないといけない、摂らせないといけない、そんなストレスよりも楽しく料理をし、週に1回でも栄養バランスの整った献立を笑顔で食べたほうが幸福度も上がります。慣れてきたら週に2回3回と回数を増やしていけばいい。まわりに流されず自分に合った料理との向き合い方で健康な生活をしていきたいと、私は思います。

"簡単に栄養献立が立てられる"３つのコツ

この本は、よくある簡単・時短料理ではなく、そこに「栄養」をプラスすることで、品数を減らしてもたくさんの栄養素が摂れるような工夫をしています。

毎日、1分から始められる"簡単に栄養献立が立てられる"３つのコツを紹介します。

① 「メインのおかずを決める」

メインはたんぱく質の肉、魚、大豆製品、卵など。最初に決めて献立の和洋中を決めます。焼く、煮る、揚げる、レンチンだけ、どんな調理法でもいいのでメインを決めます。余裕があればなるべくここで野菜を入れます。

例）豚の生姜焼き→玉ねぎ、にんじん、きのこ類を入れる。

② 「副菜のおかずを決める」

一品増やすだけでバランスがぐっと上がります。彩りを考えてつくると自然と栄養バランスが整います！

例）じゃがいもがたくさんあるからポテトサラダにしよう。
　　にんじんときゅうりを入れると彩りがいいな。
　　コーンやツナ、ブロッコリーを入れてみてもいいかな。

③ 「汁物をつくり、足りてない栄養を補う」

汁物は食事からも水分がとれるのでおすすめです。味噌汁であれば不足しがちな海藻類、栄養価の高い切り干し大根、ツナや油揚げなど、また、意外にもトマトを入れると旨みの相乗効果でおいしくなります。お子さんが好きなもの、その日副菜で入れられなかった食材を入れてみましょう。

最後に乳製品は見落としがちなので、おかずに固形チーズを入れる、粉チーズをふりかける、牛乳を使ったホワイトソースなど、余裕ができたら料理にプラスしてみてください。

Contents

STEP 8　もう副菜で悩まない！ つくりおきで食卓を豊かに ……… 79

STEP 9　美容と健康によし！ 栄養満点具だくさんスープ ……… 87

STEP 10　子どもに食べさせたい！ からだに優しいおやつ ……… 91

STEP 11　季節を楽しむ！　春夏秋冬の旬レシピ

この本をお読みになる前に

◎分量表記について
●大さじ1は15ml、小さじ1は5ml、1合は180mlです。
●にんにくや、しょうがの「1かけ」は親指の先くらいの大きさのものを目安にしています。

◎材料について
●本書では、手軽なにんにく・しょうがのチューブを使用しています。材料で「にんにく○㎝」「しょうが○㎝」とある場合、チューブから出した長さが分量になっています。
●醤油は濃口醤油を使っています。油はこめ油を使用していますが、お好みのものをお使いください。

◎その他の注意点
●レシピ中の火加減、オーブンや電子レンジなどの調理時間は目安です。それぞれお使いの調理器具や設備状況によっても変化しますから、各自様子をみながら調節してください。
●電子レンジは、特に記載のない場合、基本的に600Wのものを使っています。
●レシピの分量は特に記載のない場合、2〜3人分が基本です。分量は目安ですので、お都合にあわせて調整してください。

給食の先生の ワンポイントアドバイス

時短のアイディアや調理のコツ、
得した感のあるちょっとしたアイディアがいっぱい！
そのなかの一部をご紹介！

1 目からウロコのテクニック
時短！レンジ活用法

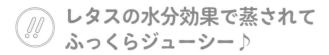

レタスの水分効果で蒸されて ふっくらジューシー♪

耐熱容器にちぎったレタスを敷いてシュウマイを並べてレンジで6分。

一滴も肉汁を逃さない！レンチン焼売　▸▸▸ P.34

好きな具材を入れて アレンジ豊富なのもグッド！

材料を耐熱のマグカップに入れて2分半で完成！

レンジで簡単！ ぷるとろ洋風茶碗蒸し　▸▸▸ P.56

ラップを敷いてあるから 取り出しやすいし 切り分けもラクチン！

耐熱容器にラップを敷いて具材を入れる。たまごを割り入れ、具材と混ぜてふんわりラップをしてレンジで3分。

栄養爆弾！スパニッシュオムレツ　▸▸▸ P.57

 ## 2回に分けることで
ふわふわ感がアップ！

耐熱容器に具材と調味料を入れてかき混ぜてレンジで2分加熱。取り出して、軽くかき混ぜてさらに2分チンすればできあがり。

レンジで完成！ニラ玉　▸▸▸ P.59

 ## 手間がかかる
自家製ホワイトソースを
レンジで時短に！

耐熱ボウルに薄力粉とバターを入れて電子レンジで30秒加熱し混ぜ合わる。牛乳を少量ずつ入れてその都度よく混ぜる。レンジで計3分加熱して完成。

厚揚げの時短グラタン　▸▸▸ P.70

2 目からウロコのテクニック
「叩く」「はがす」「まぶす」。
鶏肉秘伝テクニック！

 ### 平たくなった胸肉の
アレンジレシピは
あなた次第

安い部位の胸肉は叩けば叩くほど平たくなってさらに得した気分になる。めん棒で平らにしても手で平らにしてもOK。

(むね肉ピザ) ▶▶▶ P.50

 ### 袋で混ぜて洗い物も削減！

スティック状に切って、薄力粉をなじませ、パン粉をつけてオーブンやトースターで焼き色がつくまで焼く。ファーストフードやおつまみ感覚で召し上がれ。袋で混ぜて洗い物も削減！

(揚げない！ ザクザクチキン) ▶▶▶ P.51

 ### たった一手間なのに
手が混んでいるような
高見え感！

手羽元は骨に沿って肉をはがすと、子どもでも食べやすくなる！ 開くことでそのまま揚げるより早く火が通る。

(手羽元のチューリップの唐揚げ) ▶▶▶ P.53

!! 炒め物のお肉には
片栗粉をまぶして

焼いてもプリップリでタレがしっかりとからまる片栗粉効果。フライパンの上でお肉に片栗粉を付け洗い物も削減。

鶏むね肉とキャベツの塩だれ炒め ▶▶▶ P.52

3 目からウロコのテクニック
家計にやさしい、
ボリュームアップの術！

!! 魚が苦手な
お子さま克服メニュー
としてもGood！

はんぺんを細かくちぎって白身魚と混ぜ合わせる。少ない材料でボリュームアップ！食感もふわふわしていて食べやすいからお子さまレシピ定番にどうぞ。

栄養もカサ増し！白身魚フライ ▶▶▶ P.45

!! 栄養面でも
カサ増しがいアリ!!

少量の鶏ミンチでも豆腐をミックスし、カサ増ししてボリューミーに。全部ミンチよりもかえってやさしい味で食べやすく、ヘルシーというメリットもある。

罪悪感なし！豆腐ナゲット ▶▶▶ P.37

目からウロコのテクニック

炊飯器ひとつで手間いらず

付け合わせの蒸し野菜も 一緒につくれちゃう！

炊飯器にお米、調味料、分量の水を入れて、その上に鶏肉とアルミホイルに包んだ野菜を入れ炊飯。蒸し野菜も同時にできちゃうから一石二鳥。

炊飯器で簡単！絶品カオマンガイ ▶▶▶ P.64

目からウロコのテクニック

フライパンで仕込みから完成まで

究極のズボラバーグの具は 安価なサバ缶で

サバと野菜の混ぜ合わせから形づくり、仕上げの焼き上げまで、すべてフライパンの上で調理。

サバ缶和風ハンバーグ ▶▶▶ P.46

目からウロコのテクニック

野菜のちょっとした切り方のコツ

きゅうりのせん切りが 楽しくなる

きゅうりのせん切りをするときどう切ったら良いか戸惑うあなたに。斜め薄切りにした後に積み上げず、トランプのように横並びにして切るとせん切りが上手に切れる。

さっぱり中華風春雨サラダ ▶▶▶ P.21

7 目からウロコのテクニック
丸めて簡単！
豚こまをロールにして

経済的で
ボリューム満点！

お値段も安く、ストックしておきやすい豚こまを丸めて表面に焼き色がついたら完成。ごはんがすすむ、食べやすくて子どもも喜ぶし、つくりおきやお弁当にも活躍できる節約レシピ。

揚げない酢豚 ▸▸▸ P.35

8 目からウロコのテクニック
あんかけのさじ加減

調味料に混ぜておいて
ひと手間省く

使いやすいよう調味料に片栗粉を溶いておく。入れる前によく混ぜる。

失敗しない！ 海鮮あんかけ焼きそば ▸▸▸ P.67

レンジで簡単！ 使い切りあんかけレシピ

■材料
お好みの野菜…適量
Ⓐ 水…100ml
　 みりん…大さじ1/2
　 醤油、和風だしの素…各小さじ1/2
片栗粉、水…各大さじ1/2

■作り方
1 耐熱ボウルにⒶを入れ合わせる。
ラップをかけず電子レンジで3分加熱。
2 片栗粉と水は小皿に合わせておく。
よく混ぜながら1に入れ、とろみをつける。

2回に分けて投入する

片栗粉1に対して水2の分量。手早く混ぜて、とろみの調整をするために、コツは2回に分けること。

塩麻婆豆腐　▸▸▸ P.38

---

9 目からウロコのテクニック
かぼちゃの下ごしらえをレンジで

 **かぼちゃがかたくて切るのに
困ったことはありませんか？**

かたいかぼちゃは無理せず、まるごとレンジでチンして柔らかくしてからカット。耐熱皿にのせラップをして、600wで2分加熱すると切りやすくなります。

かぼちゃのマッシュサラダ　▸▸▸ P.72

しっかり食べ応え！焼きかぼちゃと豆のビタミンスープ　▸▸▸ P.89

かぼちゃのマッシュサラダ（P72）のアレンジレシピ

餃子の皮や春巻きの皮に巻いて揚げるだけで、子どもも喜ぶおかずに大変身！
サンドイッチにしたり、パンに塗ってチーズをかけてトースターで焼いたら、ビタミンもとれる素敵な朝食にも♪

おうちで食べよう！
給食の味

懐かしい給食の味を食卓に。
真っ先に思い浮かべたのが揚げパン♪
あれこれあったよねーなんて会話で
盛り上がれる給食の人気メニューを組み合わせて、
献立をつくりました！

SNSで1100万回再生超え！
大人気のわかめごはん！
わかめごはんを中心に、
栄養バランスの整った最強の献立。
どの食材も手に入りやすいので
ぜひ再現してみてください♪

みんな大好き！わかめごはん献立

ひきわり納豆のほうが
からだに吸収されやすい！

納豆和え

海藻類はミネラルが豊富。
ご飯に混ぜてたくさん食べよう！

全世代がハマった！わかめごはん

基本を覚えればアレンジ無限大！

さけは美容に嬉しい成分たっぷり

鮭のきのこあんかけ

全世代がハマった！ わかめごはん

【材料】

米…2合
乾燥わかめ…5g
Ⓐ 酒…大さじ1
　 みりん…大さじ1
　 塩…小さじ1
水…2合の線まで
白いりごま…適量

【作り方】

1 米を洗って30分浸漬してザルにあげる。炊飯釜に米とⒶを加え、水を釜の目盛り（2合）まで入れる。線まで注ぎ炊飯する。
2 乾燥わかめを水（分量外）で戻す。水気をよく絞って細かく刻む。
3 ごはんが炊けたら、2のわかめといりごまを加えてよく混ぜる。

さけのきのこあんかけ

【材料】

生ざけ…2切れ
塩、こしょう…少々
薄力粉…大さじ1
お好みのきのこ…適量
Ⓐ 水…150ml
　 醤油、酒、みりん
　 …各大さじ1/2
　 和風だしの素
　 …小さじ1
　 砂糖…小さじ1/2
　 塩…少々
水溶き片栗粉…適量

【作り方】

1 さけは水分をふき取り、塩、こしょうをして薄力粉を薄くまぶす。フライパンに油を入れて熱し、さけを両面こんがりと焼く。
2 耐熱ボウルにお好みのきのこを手でほぐしながら入れて、Ａを加えてよく混ぜる。600Wの電子レンジで3分加熱。
3 2をとろみがつくまでよく混ぜたら、1の焼いたさけにかける。

すまし汁

【材料】

水…400ml
和風だしの素…小さじ1
Ⓐ 醤油…小さじ1
　 塩…ふたつまみ
麸…適量
みつば…適量

【作り方】

1 鍋に水を入れ沸いたらⒶを加え調味する。麸とみつばを加え温める。

納豆和え

【材料】 2人前

Ⓐ 小松菜…1/2束
　 納豆…1パック
　 付属のタレ…1袋
　 醤油、砂糖
　 …各小さじ1/2
　 白いりごま…適量

【作り方】

1 小松菜は水でよく洗い、1cm幅に切って耐熱ボウルに入れてラップをかけ、電子レンジで3分加熱。
2 ボウルによく水気をきった小松菜とⒶを加え混ぜ合わせる。お好みで白ごまをかける。

給食の味
2

コールスローサラダ

給食といえばカレーライス!
手づくりのルーの材料はたった3つ。
子どもの頃に大好きだったあの味をおうちで簡単に再現!
カレーのお供には、野菜をたっぷり使った
マヨネーズのコールスローサラダ。
旬の果物も使って、
食後にフルーツヨーグルトはいかが?

自家製ルーでつくるカレーライス献立

煮込み料理は栄養と旨みがぎゅっと凝縮!

おうちで簡単に再現!
給食のカレーライス

おうちで簡単に再現！
給食のカレーライス

野菜がみるみるなくなる魅惑のサラダ

**ヨーグルトは
お腹の調子を整えてくれます！**

[材料]

豚こま切れ肉…150g
玉ねぎ…1/2個
にんじん…1/2本
じゃがいも…1/2個
水…400ml
〈カレールー〉
薄力粉…大さじ3
サラダ油…大さじ2
カレー粉…小さじ1・1/2
Ⓐ ケチャップ…大さじ1
　 醤油、塩、
　 ウスターソース
　 …各小さじ1/2
　 顆粒コンソメ
　 …小さじ1
　 にんにく、しょうが
　 …各1cm
牛乳…大さじ2
はちみつ…大さじ1/2

[作り方]

1 玉ねぎは8mm幅。にんじん、じゃがいもは小さめのひと口大に切る。肉を食べやすい大きさに切る。

2 鍋に油を入れ熱し、切った野菜をしんなりするまで炒める。肉を加え、色が変わるまで炒める。鍋に水を加え、材料が柔らかくなるまで煮込む。

3 フライパンに油と薄力粉を入れ、弱火でダマがなくなるまでよく混ぜ1分炒める。カレー粉を加え、さらに1分炒める。

4 2の鍋の火を止め、3を少しづつ混ぜながら加える。Ⓐを加え、再び弱火でかき混ぜながらとろみがつくまで煮込む。最後に牛乳とはちみつを加え混ぜ温める。

コールスローサラダ

[材料]

キャベツ…150g
にんじん…1/2本
コーン（缶詰）…30g
ハム…1パック
Ⓐ マヨネーズ…大さじ3
　 酢…大さじ1/2
　 砂糖…小さじ1

[作り方]

1 キャベツ、にんじんは千切りに。ハムは5mm幅に切る。コーンは水気を切っておく。

2 耐熱ボウルにキャベツとにんじんを入れ電子レンジで2分加熱。

3 ボウルに水気をよく絞った2とコーン、ハム、Ⓐを加え和える。

たっぷりフルーツヨーグルト

たっぷりフルーツヨーグルト

[材料] 2人前

ヨーグルト…100g
砂糖…小さじ1
みかん（缶詰）…20g
バナナ…1/3本
※フルーツはお好みのものでOK

[作り方]

1 ボウルにヨーグルト、砂糖を加えなめらかになるまで混ぜる。食べやすい大きさに切った好みのフルーツを入れ混ぜる。

今日は中華風給食

にらにはお肌にも嬉しいビタミンE豊富！
疲労回復に効果的！

じつは野菜たっぷり！
やみつき揚げ餃子

じつは野菜たっぷり！ やみつき揚げ餃子

材料 25個分

豚ひき肉…200g

小松菜…1/2束

にら…1/2束

餃子の皮…25枚

Ⓐ しょうゆ、酒
　…各大さじ1

　にんにく、しょうが
　…各1cm

　塩こしょう…各少々

揚げ油…適量

作り方

1 小松菜とニラはみじん切りにする。ボウルに全ての材料を入れ、粘り気が出るまでよく混ぜる。

2 餃子の皮にひと口大乗せ、縁に水（分量外）を塗り包む。鍋に油を入れ170℃に熱し、包んだ餃子を揚げる。

わかめスープ

材料

乾燥わかめ…3g

コーン缶…30g

水…400ml

Ⓐ 鶏ガラスープの素
　…小さじ1

　塩…小さじ1/3

白ごま…小さじ1/2

ごま油…少々

作り方

1 コーン缶は水気を切る。鍋に水を入れ沸騰したら、乾燥わかめ、コーン缶、Ⓐを加えて調味する。最後に白ごまとごま油で風味を付ける。

さっぱり中華風春雨サラダ　!!

材料

緑豆春雨…35g

にんじん…1/3個

きゅうり…1本

ハム…1袋

水…200ml

Ⓐ 醤油、酢
　…各大さじ1・1/2

　ごま油…大さじ1

　白ごま…大さじ1

　鶏ガラスープの素、砂糖
　…各小さじ1

作り方

1 材料は全てせん切りにする。耐熱ボウルに春雨、にんじん、水を加え春雨によくなじませラップをして電子レンジで5分加熱する。

2 1の水を切り、ボウルに移しきゅうり、ハム、Ⓐを加えてよく和える。

甘酸っぱい味で野菜もたっぷり！

さっぱり中華風春雨サラダ

わかめスープ

缶詰のコーンからも栄養が摂れる！

揚げ餃子はお肉も野菜もとれるボリュームたっぷりのメインおかず。
副菜の定番！ みんな大好き春雨サラダ。別名バンサンスー。
和食に飽きたら中華風の献立で少し気分転換♪

彩りも豊かで肉、魚介、野菜のバランスもばっちり。
ふりかけは和え物に使うと良いアクセントに。
メインは子どもに人気のケチャップ味！
これなら野菜も食べてくれるかな？

キャベツは胃腸の調子を整える
ビタミンUが豊富！
別名キャベジン！

キャベツのゆかり和え

子どもがハマる！ポークチャップ！

材料
豚こま切れ肉…200g
玉ねぎ…1/2個
しめじ…1/2パック
Ⓐ 塩、こしょう…各少々
　 酒…大さじ1
片栗粉…大さじ1
油…適量
Ⓑ ケチャップ…大さじ2
　 醤油、酒
　 …各大さじ1/2

作り方
1 玉ねぎは1cm幅に切る。しめじは石づきを取り、手でほぐす。肉は食べやすい大きさに切る。フライパンの中に肉とⒶを入れ下味を付け、片栗粉をまぶす。
2 油を入れ、くっつかないようにほぐしながら炒める。玉ねぎとしめじを加え、野菜がしんなりしたらⒷを加え炒める。

貝の旨みたっぷり！クラムチャウダー

材料
玉ねぎ…1/2個（100g）
にんじん…1/2本（60g）
じゃがいも…1個（130g）
ベーコン…5枚（40g）
バター…10g
薄力粉…大さじ1
水…200ml
Ⓐ あさり缶…1缶（85g）
　 牛乳…250cc
　 粉チーズ…小さじ1
　 顆粒コンソメ
　 …小さじ1/2
　 塩 こしょう…少々

作り方
1 玉ねぎはひと口大、ベーコンは1cm幅に切る。にんじん、じゃがいもは1cm角に切る。
2 フライパンにバターを入れ熱したら玉ねぎ、にんじん、じゃがいもを焦がさないよう強弱火でじっくり炒める。薄力粉を入れ、粉っぽさがなくなるまで炒める。水を加え白く濁るまでよく混ぜたらフタをして弱火で10分煮込む。
3 野菜が柔らかくなったらⒶを入れ5分温める。

キャベツのゆかり和え

材料
キャベツ…150g
きゅうり…30g
ゆかりふりかけ
…大さじ1/2弱
ごま油…小さじ1/2

作り方
1 キャベツときゅうりはせん切りにする。耐熱ボウルにキャベツを入れ電子レンジで2分加熱。
2 水気をよく絞り、1のきゅうりを合わせたらゆかり、ごま油を加えて和える。

あさりの鉄分は体内に吸収されやすいので
貧血対策にぴったり

貝の旨みたっぷり！
クラムチャウダー

豚肉と玉ねぎは栄養面でも食べ合わせ◎

ケチャップの香りが食欲そそる！ポークチャップ献立

子どもがハマる！
ポークチャップ！

23

さばの味噌煮もいいけれど、銀紙焼きも人気の給食メニュー！
ほうれん草はすりごまで和えると食べやすくなります。
根菜たっぷりのけんちん汁と合わせて、
旨みたっぷりの汁でほっと一息。

心がホッとする和食給食

食物繊維やビタミンがバランスよくとれる！

けんちん汁

魚のDHAやEPAは健康に必須な栄養素！

さばの銀紙焼き

ほうれん草には
鉄分の吸収を助けるビタミンCも豊富！

ほうれん草のごま和え

さばの銀紙焼き

[材料] 2人前

さば（半身）…2枚

酒、みりん…各大さじ1

A 味噌…20g

　水…大さじ2

　砂糖…大さじ2

　みりん…大さじ1/2

　薄力粉…小さじ1

[作り方]

1 バットにさば、酒、みりんを入れ10分つける。**A**は合わせておく。アルミホイルでさばを包んで、フライパンでフタをして10分蒸し焼きにする。

2 アルミホイルを開けて、さばに**A**を塗る。フタをして水100ml（分量外）を入れ5分蒸し焼きにする。

ほうれん草のごま和え

[材料] 2人前

ほうれん草…1/2束

A 醤油…大さじ1/2

　砂糖…小さじ1

　すりごま…大さじ1/2

[作り方]

1 ほうれん草は水でよく洗いラップに包み、電子レンジで3分加熱。氷水を張ったボウルに落とし冷ましながらアク抜きをする。

2 水気をよく絞り、2〜3cm幅に切る。ボウルに移し、**A**を加えて和える。

けんちん汁

[材料] 2人前

木綿豆腐…80g

大根…40g

にんじん…40g

こんにゃく…60g

ごぼう…30g

水…400ml

A 和風だしの素

　…小さじ1/2

　醤油…小さじ1

　みりん…小さじ1

　塩…1g

細ねぎ…お好みで

[作り方]

1 豆腐は食べやすい大きさに切る。大根とにんじんはいちょう切り、ごぼうはささがきにして水に5分さらしておく。こんにゃくはスプーンでひと口大にちぎる。

2 鍋に水を注いだら大根、にんじん、ごぼう、こんにゃくを加え煮る。具材が柔らかくなったら**A**を加え調味する。最後に豆腐を入れて温める。お好みで細ねぎを入れる。

パンの日でも大満足献立

数種類のビタミン、カルシウム、鉄分がひと皿で！

野菜嫌いが食べた!? ３色ナムル

肉、大豆、緑黄色野菜が
たっぷり詰まった栄養バランス最強おかず

主役級！
みんなが愛したチリコンカン

完全食品と呼ばれる卵！
スープで栄養かさ増し！？

………… ホッとする給食のかき玉汁

パンの日のおかずは少し味の濃いものを合わせて！
肉、卵、緑黄色野菜をたっぷりと使って
栄養を補います。
ふわふわのたまごが入ったかき玉スープは絶品！
野菜嫌いも克服できる栄養献立！

主役級！みんなが愛したチリコンカン

材料

豚ひき肉…150g
トマト…1個
玉ねぎ…1/4個
にんじん…1/4本
水煮大豆…140g（1袋）
にんにく…1cm
Ⓐ 水…100ml
　 ケチャップ…大さじ3
　 ウスターソース
　 …大さじ1
　 顆粒コンソメ
　 …小さじ1
　 塩…ひとつまみ

作り方

1 玉ねぎ、にんじんはみじん切りに。トマトは1cm大の角切りにする。
2 フライパンに油を入れて熱し、玉ねぎとにんじんをしんなりするまで炒める。
3 2にひき肉を加え、色が変わるまで炒めたらトマトと大豆、Ⓐを入れ、5分程度煮る。

ホッとする給食のかき玉汁

材料

水…450ml
卵…2個
玉ねぎ…1/4個
乾燥わかめ…1g
Ⓐ 顆粒コンソメ
　 …小さじ1/2
　 醤油…小さじ1/2
　 塩…小さじ1/3
細ねぎ…お好みで

作り方

1 玉ねぎは薄切りにする。卵は割って溶いておく。
2 鍋に水を入れて沸騰したら玉ねぎを入れ2～3分煮る。乾燥わかめとⒶを入れ調味する。お好みで細ねぎを散らす。

野菜嫌いが食べた!? 3色ナムル

材料

ほうれん草…1/2束
にんじん…1/4本
もやし…1/2袋
Ⓐ ごま油…大さじ1/2
　 醤油…小さじ1
　 鶏ガラスープの素
　 …小さじ1/2
　 塩…少々
　 白ごま…適量

作り方

1 ほうれん草は2～3cm幅、にんじんはせん切りにする。
2 鍋に水と塩を入れお湯を沸かす。にんじんを2分ゆでたら、ほうれん草ともやしを同時にいれ、さらに2分ゆでる。
3 2をザルにあげ、水気をよく絞る。ボウルに野菜とⒶを入れ合わせ、よく混ぜる。

待ってました！みんな大好き揚げパン！
誰もが一度は食べたことのある、あの懐かしさが蘇る...
揚げパンはおやつではなく
メインで食べられていたということで、
一緒に食べるとおいしくて、
栄養バランスを意識した献立にしてみました♪

好きな野菜で栄養たっぷりのスープに！

自分の名前を探そう！
具だくさんABCスープ

鶏肉からも鉄分補給！

争奪戦！若鶏のレモン煮

きなこは良質なたんぱく質がたっぷり！
揚げパン2本でごはんにも負けない食べごたえ

これぞ給食の王道！
揚げパン

給食といえば揚げパン献立！

これぞ給食の王道！ 揚げパン

材料

コッペパン…4本
油…適量
Ⓐ きなこ…大さじ2
　砂糖…大さじ1と1/2

作り方

1 フライパンに油を入れて熱し、パンの下面から揚げる。上面と同じ色になったら返し、30秒程度揚げる。
2 バットにⒶを入れて合わせ、パンが温かいうちにⒶをまぶす。

争奪戦！ 若鶏のレモン煮

材料

鶏もも肉…250g
Ⓐ 塩、こしょう…各少々
　酒…大さじ1
片栗粉…適量
Ⓑ 水…大さじ3
　醤油、みりん
　…各大さじ2
　砂糖…大さじ1
　レモン汁…大さじ1
油…適量

作り方

1 鶏肉はひと口大に切ってポリ袋に入れ、Ⓐをなじませ10分置く。
2 鶏肉に片栗粉をまぶしたら、油を熱したフライパンで揚げ焼きにし、油を切る。
3 別のフライパンにⒷを全て入れ中火で加熱する。ふつふつとしたら2の鶏肉を加え、からめる。

自分の名前を探そう！
具だくさん ABCスープ

材料

アルファベットマカロニ…20g
にんじん、キャベツ、玉ねぎ…各30g
ベーコン…20g
コーン（缶詰）…30g
水…500ml
顆粒コンソメ…小さじ1
塩、こしょう…お好みで

作り方

1 コーンは水気を切っておく。ベーコンは1cm幅に切る。にんじん、キャベツ、玉ねぎも1cm角に切る。
2 鍋に水を入れ、切った材料を全て入れ煮込む。柔らかくなったらコーン、アルファベットマカロニ、顆粒コンソメを入れて調味し2、3分煮る。

ウインナーはツナ缶やベーコンで代用可。
目玉焼きを乗せたら、さらに栄養価UP！

VS

フライパンひとつで再現！
懐かしのナポリタン

給食の王道！どっちを選ぶ！？

忘れられない！ あの給食の
ミートスパゲッティ

フライパンひとつで再現！
懐かしのナポリタン

材料 1人前
スパゲッティ…100g
玉ねぎ…1/4個
ピーマン…1個
ウインナー…2本
Ⓐ 水…350ml
　ケチャップ
　…大さじ3
　牛乳…大さじ1
　ウスターソース
　…大さじ1/2
　砂糖…大さじ1/2
　顆粒コンソメ
　…小さじ1/2
　塩…小さじ1/2

作り方
1 玉ねぎは薄切り、ピーマンは種ごと細切りにする。ウインナーは食べやすい大きさに切る。油を熱したフライパンで玉ねぎ、ピーマンをしんなりするまで炒める。
2 ウインナーとⒶを加え、沸騰したらスパゲッティを折り入れ、中火にする。フタをして時々混ぜながら袋の表記時間より1分短くゆでる。汁気がなくなるまで焦げないようにからめる。

忘れられない！ あの給食の
ミートスパゲッティ

材料 2人前
スパゲッティ…200g
豚ひき肉…150g
玉ねぎ…1/2個（100g）
にんじん…1/2本（80g）
えのき…1/2株
薄力粉…大さじ1と1/2
Ⓐ 水…250g
　ケチャップ…大さじ5
　砂糖、顆粒コンソメ
　…各小さじ1
　塩…小さじ1/2
　にんにく…1cm

作り方
1 野菜とえのきは全てみじん切りにする。フライパンに油を入れて熱し、玉ねぎ、にんじんを炒めて、しんなりしたらひき肉、えのきを加えてさらに炒める。
2 ひき肉の色が変わったら薄力粉を加えて、全体に炒める。Ⓐを加えてとろみが出るまで強目の弱火で10分間煮る。
3 スパゲッティは袋の表記通りにゆでてザルにあげ、皿に盛って2をかける。

きのこをきざんで入れて食物繊維もとろう！

簡単なのが嬉しい給食の人気パスタ！
子どもが取り合うミートソース。
どこか懐かしいほっこりするナポリタン。
みんなはどっちが好き？

給食の先生aoiメモ　#02

長い目でからだを整える食生活を

バランスの良い食事の近道

和食の基本の「まごわやさしい」という言葉を聞いたことは
ありますか？ 「豆 、ごま、わかめ、野菜、魚、しいたけ（き
のこ類）、芋 」です。この7点を心がけて食事にプラスする
だけで普段の食事の栄養バランスが整います。

特に、わかめやひじきの海藻類は心がけていないとなかな
かとるのが難しいので、おうちにストックしておくといざ
というときに栄養価の高い一品をつくることができます。
一食で栄養をとろう！とは思わずに、1日、3日、1週間単
位の長い目で整える生活をつくることが大切です。

毎日バランスの整ったごはんをつくるのは大変ですよね。
豆類、乳製品、海藻類…普段の食生活でどんな栄養素が不
足しているかに気づくことから始めると、バランスの良い
食事の近道になります。忙しいママさん、パパさんこそ、
品数が少なくても栄養バランスの整った食事を意識できる
といいですね。

〇〇はからだに良いと聞いてそればかり食べてしまう。反
対に〇〇はからだに悪いと聞いて食べるのを躊躇してしま
う。もちろん体質や持病で食べられないものは人それぞれ
ですが、どれも"バランス"が大切だと思っているので、食
べすぎないようにすることが大切です。

ダイエットについて

栄養士をしていると話すと「何食べたらやせれるの？」と聞
かれることがあります。実際「何を食べたらやせるか」より、
なるべくたんぱく質をとり、ヘルシーでからだに良いもの
をバランスよく食べることが大切だと思っています。基礎
代謝より、摂取した量が多ければ増えるので、適度な運動も
しないといけません。"食べないダイエット"はまた別なの
で、栄養もとりながら食事の制限をしてやせる方法を見つ
けることをおすすめします。

ヘルシーで栄養価が高いものはたくさんあります。たとえ
ば美容成分も豊富な豆腐。お財布にも優しく脂質も少ない
ボリュームささみ、胸肉。ブロッコリー、キャベツのビタミ
ンを含む野菜。こんにゃく等の食物繊維の多い食品。自分の
生活にあった食べやすくて使いやすい食材選びから始めま
しょう。

リピート間違いなし！
SNSで大人気の
メインおかず

つくレポ多数！ 総再生回数は1100万回越え！？

SNSで話題のおかずと、

話題のテクニックをまとめました！

つくってみたいおかずに出会えますように♪

一滴も肉汁を逃さない！ レンチン焼売

SNSで320万再生！ 蒸し器いらず。電子レンジで6分で完成！
レタスの水分で蒸されてふっくらジューシーに♪
肉汁の染みた絶品レタスも一緒に！

材料 15個分

豚ひき肉…200g
玉ねぎ（みじん切り）
…1/2個分（100g）
レタス…1/4個
シュウマイの皮…15枚

Ⓐ 醤油…大さじ1
　ごま油…大さじ1/2
　砂糖…大さじ1/2
　しょうが…2cm
　片栗粉…大さじ1

作り方

1 ポリ袋にひき肉、玉ねぎ、Ⓐを入れて、袋の上から白っぽくなるまでも
　み混ぜ、15等分してシュウマイの皮で包む。

2 レタスは水で洗い、手でちぎって耐熱皿に入れ、1のシュウマイを
　レタスの上に並べる。

3 ラップをして電子レンジで6分程度加熱。火が通ったか確認する。

揚げない酢豚 !!

豚こまを丸めるだけ！ 子どもも食べやすくて家族みんなが喜ぶボリューム満点おかず！
野菜は乱切りにすることで火が通りやすくなり時短に。

材料 約15個

豚こま切れ肉…200g
塩、こしょう…各少々
しょうが…1cm
片栗粉…大さじ1
油…適量
玉ねぎ…1/2個
にんじん…2/3本
ピーマン…2個

Ⓐ 水…100ml
　 酢…大さじ3
　 ケチャップ…大さじ2
　 砂糖…大さじ2
　 醤油…大さじ1と1/2
　 酒…大さじ1
　 鶏ガラスープの素…小さじ1
　 片栗粉…大さじ1/2

作り方

1 玉ねぎは2cm幅、にんじんとピーマンは乱切りにする（※にんじんは薄めに乱切りすると時短になります）。Ⓐは合わせておく。

2 豚肉に塩・こしょう・しょうがで下味をつけてなじませたら、しっかり握りながら丸め、片栗粉をまぶしておく。

3 油を熱したフライパンで肉を焼き、焼き色がついたら野菜を加え炒める。全体の7割程度火が通ったら酒大さじ1〜2（分量外）を入れて蒸し焼きにする。野菜と肉に火が通ったのを確認したら、合わせておいたⒶをよく混ぜて加え、とろみがつくまで炒める。

35

フライパンひとつで！
白菜と春雨のとろとろ煮

SNSで390万回再生！「白菜が消える」と大好評！ 大量消費にぴったり。
春雨はフライパンに直接入れて戻してひと手間ラクします。

材料 2〜3人分

豚ひき肉…120g
白菜…1/4個（450g）
緑豆春雨…25g
水…250ml
Ⓐ 醤油、みりん…各大さじ1と1/2
　 酒…大さじ1
　 鶏ガラスープの素…小さじ1
　 塩…少々
　 しょうが…お好みで
〈水溶き片栗粉〉
片栗粉…大さじ2
水…大さじ2と1/2

作り方

1 白菜は3cm幅に切る。フライパンに油を入れて熱し、ひき肉を炒める。肉の色が変わったら白菜を入れて、軽く炒め、水を入れてフタをし弱火〜中火の間で5分煮る。

2 春雨、Ⓐを加えて約5分、春雨をほぐしながら煮る。仕上げに水溶き片栗粉を加えて加熱しとろみをつける。

ポリ袋を使って洗いもの削減！　豆腐のおかげでふわふわ食感。
子どもの手も止まらないヘルシーナゲット。高たんぱくで罪悪感もナシ！

罪悪感なし！豆腐ナゲット

材料 約18個分

鶏むねひき肉…200g
絹ごし豆腐…150g
Ⓐ マヨネーズ…大さじ1
　顆粒コンソメ…小さじ1
　塩、こしょう…各少々
　片栗粉…大さじ2

作り方

1 豆腐はキッチンペーパーに包み水気をふき取る。ポリ袋に全ての材料を入れ、やさしく混ぜ合わせる。

2 フライパンに少なめの油を入れて170℃に熱し、**1**をスプーンで落としながら6～7分、こんがりと揚げ焼きにする。お好みでケチャップやマヨネーズ（各分量外）を添える。

塩麻婆豆腐

すぐにつくれるお手軽マーボー！ 辛くないから子どもと一緒に食べられる。
水溶き片栗粉はお玉ですくって2回に分けると失敗しにくいです！ きのこを入れて旨みと栄養をプラス！

材料

豚ひき肉…200g
絹ごし豆腐…1丁（300g）
まいたけ…1/2房
長ねぎ…15cm
Ⓐ 水…300ml
　 鶏ガラスープの素…小さじ1
　 酒…大さじ2
　 みりん…大さじ1
　 塩…小さじ1/2
　 しょうが…2cm
ごま油…適量
〈水溶き片栗粉〉
片栗粉…大さじ2
水…大さじ2と1/2

作り方

1 長ねぎはみじん切り、豆腐は1.5cm角に切る。まいたけは手でほぐしておく。

2 ごま油を熱したフライパンでひき肉を炒める。肉の色が変わったら、まいたけ、長ねぎを加えて軽く炒める。Ⓐを入れ、ひと煮立ちさせる。1の豆腐を入れ、豆腐が温まるまで軽く煮たら、水溶き片栗粉を加えて加熱し、とろみをつける。お好みで細ねぎ（分量外）をちらす。

かけるだけで絶品！ 厚揚げ油淋鶏（ユーリンチー）

豆腐の栄養がぎゅっと詰まった、栄養満点の節約おかず！

表面を焼いて外はカリっと、中はモチっと。

ねぎたっぷりでごはんもススム！ このタレを唐揚げにかけると…

材料

厚揚げ…240g

Ⓐ 長ねぎ（みじん切り）…1/3本分

　醤油、酢…各大さじ1と1/2

　砂糖…大さじ1

　ごま油…大さじ1/2

　白ごま…大さじ1

油…適量

作り方

1 厚揚げを食べやすい大きさに切り、ねぎはみじん切りにする。ボウルにⒶを入れてよく混ぜる。

2 フライパンに油を少量入れ、厚揚げに焼き色がつくまでこんがり焼く。

3 皿に厚揚げを盛り、1のタレをかける。

薄切り肉を使って揚げ時間を短縮！
子どもでも噛み切れる柔らかさに！ カレー粉は風味付け程度に。

トンカツ トマトサルサソース

材料

豚ロース肉（スライス）…300g
塩、こしょう…少々
薄力粉…適量
卵…1個
パン粉…適量
ミニトマト…10個
Ⓐ ケチャップ…大さじ1
　 砂糖…小さじ1/2
　 カレー粉…少々

作り方

1 ミニトマトは半分に切り、ボウルに入れⒶを加えなじませる。肉に塩、こしょうをし、ほぐしたら6等分に分け、広げながら重ねて平らに成形する。

2 1に薄力粉を薄くつけ、溶き卵、パン粉の順でつける。フライパンに油を入れ熱し、7〜8分揚げ焼きにする。お好みでキャベツのせん切り（分量外）を添える。

塩ざけを使えば下味不要！
フライパンだけで完結できるのも嬉しい♪
鉄、ビタミン、カルシウムのバランスが整った一品。

フライパンひとつで！ さけのほうれん草クリーム煮

材料 2〜3人分

塩さけ…3切れ（約200g）
薄力粉（さけ用）…適量
バター…10g
玉ねぎ…1/4個
しめじ…1/2房
ほうれんそう…1/4束
酒…大さじ1
薄力粉…大さじ1
Ⓐ 牛乳…250ml
　 水…50ml
　 顆粒コンソメ…小さじ1
　 にんにく…1g
　 塩…少々

作り方

1 玉ねぎは8mm幅の薄切り、しめじは石づきを取って手でほぐす。ほうれん草は3cm幅に切る。

2 さけの水分をふき取り、薄力粉をまぶす。フライパンにバターを入れて熱し、さけの片面を焼き裏返して端に寄せる。1を入れて酒をかけ、しんなりするまで炒める。野菜に薄力粉をふり、粉っぽさがなくなるまでよく炒める。

3 Ⓐを加え、混ぜながら弱火で5分煮る。

れんこんミートローフ

┃材料┃

豚ひき肉…150g
れんこん…150g
玉ねぎ…1/4個
えのき…30g

Ⓐ パン粉…大さじ2
醤油…大さじ1/2
しょうが…2cm
塩…小さじ1/2
味噌…大さじ1/2

ケチャップソース
…お好みで
お好みの野菜…適宜

┃作り方┃

1 れんこんは5枚ほど薄切りに。残りは半分すりおろして、他は刻んでおく。玉ねぎはみじん切りにする。

2 耐熱容器（約18×18cm 深さ5cmを使用）に豚ひき肉、れんこんのすりおろし、玉ねぎ、えのきはハサミで切って入れよく練り混ぜる。Ⓐも加えてさらに混ぜる。

3 2を3cmくらいの厚みになるよう形を整え、薄切りのれんこんを上に乗せる。電子レンジで7分加熱する。出てきた油は捨て、火が通っているか確認する。お好みでケチャップソースをかける。

耐熱容器ひとつで完結！
れんこんはきざんで入れるとシャキシャキ食感！
味噌としょうがを入れてお肉の臭み消し効果も。

食物繊維たっぷり！
れんこんミートローフ

┃材料┃

豚レバー…200g
牛乳（下処理用）…適量
Ⓐ 醤油、酒…各大さじ1
しょうが…1cm
じゃがいも…2個（240g）
片栗粉…大さじ2
ピーナッツ…20g
油…大さじ1

Ⓑ 醤油…大さじ3
みりん…大さじ2
砂糖…大さじ1
水…大さじ1
白ごま…大さじ1

┃作り方┃

1 レバーはひと口大に切り、ボウルに入れて牛乳をかぶる程度に入れ10分つける。水でよく洗い、Ⓐで下味をつけて10分置く。じゃがいもは皮をむき、ひと口大に切り、レンジで3分加熱。ピーナッツは刻んでおく。

2 レバーの水気をふきとり片栗粉をまぶしたら、フライパンに油を入れて熱ししっかり焼き、一度取り出す。じゃがいもは水分をふきとって片栗粉をまぶし、同じフライパンに油を足して焼く。

3 じゃがいもに焼き色がついたら2の焼いたレバーを戻し入れ、Ⓑを加えて煮からめる。

鉄分豊富な代名詞レバー！
臭みとりは牛乳で。片栗粉でコーティングしてパサパサ防止。
甘辛い味つけで子どもたちはレバー克服しました！

レバーの甘辛ナッツ和え

子どもの朝ごはん・おやつの役割

朝ごはんのポイントは2つ

子どもと食事の関係はとても深いです。朝からきちんとバランスの整った食事をつくることも、食べてもらうのも、なかなかハードルが高いですよね。

朝は手軽に食べられるパンもいいけれど、腹持ちの良いお米（手軽なおにぎりやお茶漬け）にすると栄養がとれるだけでなく十分にエネルギーがチャージできます。

集中力が増したり、活発的に過ごすこともできるので私も朝はお米を食べるよう心がけています。

また、大事な栄養素としてポイントは2つ。身体の基礎となるたんぱく質をとり入れる。フルーツでビタミンと水分を一緒にとる。朝は時間もないので手間をかけずバランスの良い食事をとる工夫も必要になってきます。朝ごはんにとり入れやすい手軽なものであれば、「卵、ツナ缶、さば缶、しらす、ヨーグルト、チーズ、牛乳、きなこ 」等のパパッと準備できるものがおすすめです。

おやつは食事の一部

また、子どもは大人より胃袋が小さく一度に食べられる量が少ないです。特に乳・幼児期（1歳前後〜6歳）、〜10歳程度まではおやつが"食事の一部"として大切な役割を果たしています。保育園等でもおやつは重要視されており、食育も含め手づくりでつくるところも多くあります。おにぎり、蒸しパン、芋類はアレンジも豊富で、栄養も多いのでおうちでもよくつくっています！　面倒なときは種類も豊富な既製品に頼ったりと、ママも無理しないように子どもの成長の基礎をつくっていきたいですね♪

STEP 3

苦手を克服！
魚をもっと気軽に
楽しく食べよう！

「子どもが魚をなかなか食べない」
という悩みを多く聞きます。
少しアレンジしていつもと違った見た目で、
目指せ苦手克服！
もちろんごはんもすすむおかずです♪

塩さば和風アクアパッツァ

さばの上質な脂と旨みは逃さずソースに！ 骨取りさばを使えば子どもも安心♪

▌材料

塩さば（半身）…2枚
玉ねぎ…1/2個
ミニトマト…6〜8個
しめじ…1/2房
油…適量
Ⓐ 酒…大さじ3
　 醤油…大さじ1
　 にんにく…2cm

▌作り方

1 玉ねぎは薄切り、しめじは根元を落としてほぐしておく。ミニトマトは横半分に切る。

2 フライパンに油を入れて熱し、さばの皮目を下にしてこんがり焼く。裏返したら片側に寄せ、玉ねぎ、しめじを入れてしんなりするまで炒める。ミニトマトとⒶを加えてフタをして弱火で3〜4分程度煮込む。

!!

栄養もカサ増し！白身魚フライ

クセの少ないたらは変幻自在！　はんぺんは塩味で味つけをシンプルに。
これなら子どもにバレずに魚を食べさせられるかも…

材料

たら（切り身）…100g
酒…大さじ1
はんぺん…1枚（100g）
塩、こしょう…各少々
卵…1個
薄力粉…適量
パン粉…適量
油…適量

作り方

1 たらの水分をふき取る。耐熱皿に入れ酒を加えて電子レンジで2分加熱する。水分は捨てて粗熱を取る。

2 ポリ袋にはんぺんを入れ、袋ごとよくつぶしたら、1のたら、塩、こしょうを加えよく混ぜて4等分にして小判型にととのえる。

3 2に薄力粉、溶き卵、パン粉の順でつける。フライパンに油を入れて熱して、揚げ焼きにする。

さば缶で手軽に。 骨はこまかくして、カルシウムも逃さず！
混ぜる〜焼くの工程はフライパンひとつで完結。洗い物の手間も軽減！

▌材料

さば缶…1缶（160g）
木綿豆腐…100g
玉ねぎ…1/4個（50g）
にんじん…1/3本（30g）
Ⓐ 卵…1個
　パン粉…30g
　しょうが…2cm
　塩、こしょう…少々
酒…大さじ1
大葉…適量
大根おろし…適量

▌作り方

1 にんじん、玉ねぎはみじん切りにし、耐熱熱容に入れ、ラップをして
電子レンジで1分半加熱する。豆腐はキッチンペーパーで包み、電子
レンジで2分加熱し、重しをのせて水気を切る。

2 フライパンに水気を切ったさば缶を入れてよくほぐす。Ⓐと1を入れ
てよく混ぜて4等分にして小判型にする。油を入れ、焼き目が付いた
ら裏返して、酒大さじ1をふってフタをして、3分蒸し焼きにする。

さば缶和風ハンバーグ

トースター（またはオーブン）に入れてほったらかしで完成！　さけに薄力粉をまぶしてパサパサ防止。
さけには抗酸化効果が強く、免疫力も高めるので進んで食べたいですね！

|材料|

生ざけ（切り身）…2切れ
塩、こしょう…各少々
薄力粉…適量
Ⓐ マヨネーズ…大さじ2
　コーン（缶詰）…50g
　粉チーズ…大さじ1
　こしょう…少々
パセリ…適量

|作り方|

1 コーンの水気を切る。Ⓐはボウルに合わせておく。生ざけに塩、こしょう、薄力粉を薄くまぶす。

2 アルミホイルの上にさけを置き、Ⓐをのせトースターで8〜10分焼く。

子ども爆食い！ さけのマヨコーン焼き

あじフライやムニエルに飽きたらコレ！
たっぷりとごまをつけてカリッと。
ごはんがすすむ簡単レシピ！

材料 2人分

あじ（三枚におろしたもの）…4枚（2尾分）
Ⓐ 醤油…大さじ1
　 酒…大さじ1/2
　 みりん…大さじ1/2
　 ごま油…小さじ1
　 しょうが…1cm
白ごま…適量

作り方

1 バットにⒶとあじを入れ、下味をつけて5分おく。平らな皿にごまを敷き、あじの両面にたっぷりとまぶしつける。

2 アルミホイルに1を皮目を下にして置き、トースターで焼き色がつくまで約10分焼く。

ごまの食感がやみつき！ あじのごま焼き

塩をふって魚の臭み取りをしっかり！
とろみが足りないときは
お好みで水溶き片栗粉をたして。

材料

	Ⓐ
ぶり（切り身）…2切れ	ケチャップ…大さじ1
片栗粉…大さじ1	カレー粉、コンソメ…小さじ1
にんじん…1/2個（90g）	にんにく…2cm
じゃがいも…1個	塩、こしょう…各少々
玉ねぎ…1/2個（100g）	
水…500ml	
油…適量	

作り方

1 ぶりに塩（分量外）を全体に軽くふり、10分置く。水分はキッチンペーパーでしっかりとふき取る。にんじん、じゃがいもはひと口大に切り、玉ねぎは1cm幅に切る。

2 フライパンに油を入れて熱し、ぶりに薄力粉をまぶしたら両面を焼き、取り出す。同じフライパンで野菜を炒め、水を加えてフタをして具材が柔らかくなるまで煮る。Ⓐで調味し、最後に焼いたぶりを入れ温める。

ぶりカレー

バリエーションを
増やそう！
みんな大好き
鶏肉メニュー

食品高騰中に嬉しい安価な「鶏肉」。
ただ、マンネリしがちなのが少し悩みどころ…
大人も子ども喜ぶ6品。しっかりと
ごはんも進むようなおかずをまとめました！

むね肉ピザ !!

開いて叩いて食べやすく。好きな野菜をのせて、あとはトースターにおまかせ！

材料

鶏むね肉…1枚（約250g）
Ⓐ｜ミニトマト…3個
　｜ピーマン…1/2個
　｜ベーコン…20g
ピザ用チーズ…10g
ケチャップ…大さじ1〜2
塩、こしょう…各少々

作り方

1 Ⓐのミニトマトは半分に切る。ピーマンは種と
ワタを取り、薄めの輪切りにする。ベーコンは
1cm幅に切る。むね肉は身の厚い部分にななめ
に包丁を入れて切り、開いてフォークで刺し、
さらに麺棒で叩いて1cm程度の薄さにする。

2 クッキングシートにむね肉を置き、塩、こしょ
うをしてケチャップを塗る。Ⓐを散らしてチー
ズをのせてトースターで約10分こんがり色づく
まで焼く。

揚げない！ザクザクチキン !!

トースターでほったらかしでできちゃうザクザク食感！
パン粉づけも袋で、洗い物も少なく！　今日はどのソースで食べようかな～♪

▌材料▐

鶏むね肉…1枚（250g）
Ⓐ 酒、醤油…各大さじ1/2
　しょうが…1cm
　マヨネーズ…大さじ1
薄力粉…大さじ1
パン粉…30g
油…敵量

[チーズソース]
ピザ用チーズ…20g、牛乳…大さじ2、
薄力粉…小さじ1/2
材料を耐熱容器に入れレンジで30秒加熱。よく混ぜる。

[カレーソース]
ケチャップ…大さじ1、マヨネーズ…大さじ1/2、
カレー粉…小さじ1/2
材料を全て入れ混ぜ合わせる。

[梅ソース]
梅干し…1個（15g）、酒、みりん…各大さじ1
砂糖…お好みで
耐熱容器に酒・みりんを入れレンジで1分加熱。たたい
た梅干しを加え混ぜる。

▌作り方▐

1 むね肉は皮をとってスティック状に切ってポリ袋に入れ、Ⓐを加えてなじませる。パン粉は2回にわけて入れて全体にまぶしつける。ソースの材料を混ぜておく。

2 アルミホイルに1を並べて油をふりかける。トースターでこんがり焼き色がつくまで15分程度焼く。

51

鶏むね肉とキャベツの塩だれ炒め

お肉に片栗粉をつけて焼くとプリップリに！
タレがしっかりとからまる効果も。ネギダレはつくりおきで便利に！

|材料|

鶏むね肉…1枚（250g）
キャベツ…120g
長ねぎ…30g
片栗粉…大さじ1
塩、こしょう…各少々
油…大さじ1
Ⓐ ごま油…大さじ2
　 塩…小さじ1/2
　 にんにく…1cm
　 鶏ガラスープの素…小さじ1弱
細ねぎ（小口切り）…少々

|作り方|

1 キャベツは2cm角、えのきは2cm幅に切る。長ねぎはみじん切りにする。むね肉はひと口大のそぎ切りにしポリ袋に入れて片栗粉をまぶす。

2 フライパンに油を入れて熱し、むね肉を焼く。肉に火が通ったらキャベツ、ねぎ、お酒（分量外）大さじ1を加えて、塩、こしょうをしてさらに炒める。Ⓐを合わせて加え、全体にからめる。仕上げに細ねぎをちらす。

骨にそって肉をはがすと、
子どもでも食べやすい！
開くことでそのまま揚げるより
早く火が通りやすくなります。

材料

鶏手羽元…8本
Ⓐ 醤油…大さじ1
　 酒…大さじ1
　 にんにく…2cm
　 しょうが…1cm
片栗粉…大さじ
油…適量

作り方

1 鶏手羽元の骨に沿って2、3cm切り込みを入れて形を整える。ポリ袋に手羽元とⒶを入れて10分置く。

2 鍋に油を入れ、170℃に熱し、**1**に片栗粉をまぶして揚げる。

手羽元の
チューリップの唐揚げ

ボリューム満点の大皿料理に早変わり！
お酒で蒸してふっくらジューシーに。
もちろん豚肉にアレンジしてもおいしい♪

▌材料

鶏もも肉…1枚（300g）
塩、こしょう…少々
長ねぎ…1本
酒…大さじ1
Ⓐ｜醤油、みりん…大さじ1
　｜砂糖…大さじ1/2

▌作り方

1 鶏もも肉をひと口大に切り、塩、こしょうをする。フライパンに油を熱して鶏もも肉の表面を炒め、肉を端に寄せて2、3cm幅に切ったねぎを炒める。

2 酒を入れてフタをして弱火で5分炒めたら、中火にしてⒶを入れ、全体に炒めてからめる。

もう串には刺さない！ねぎま風炒め

鍋（フライパン）で押して皮をパリパリに！
鶏肉は均等に開くことで加熱時間の短縮に。
玉ねぎソースはどんなお肉でも相性抜群！

▌材料

鶏もも肉…1枚（300g）
塩、こしょう…各少々
Ⓐ｜玉ねぎ…1個（100g）
　｜醤油、水、みりん…各大さじ2
　｜ウスターソース…小さじ1
　｜にんにく…2cm

▌作り方

1 玉ねぎはみじん切りにする。鶏肉はフライパンの上ではさみを使って厚さを均等に切る。

2 鶏肉の皮目を下にしフライパンにのせたら、アルミホイルをかぶせ、その上に鍋をのせて重しをして中火で5分、裏返しさらに5分焼く。

3 鶏肉が焼けたら取り出し、同じフライパンで玉ねぎを炒める。Ⓐを入れ煮詰めて鶏肉にかける。

パリパリチキン　玉ねぎソース

毎日の食卓に
欠かせない！
お手軽たまご料理

「完全栄養食品」といわれているたまご。
肉や魚がなくても、あっという間に
メイン料理に大変身！
野菜も加えて、あと一品欲しいときにも
ぴったりなおかずを集めました。

レンジで簡単！洋風茶碗蒸し

電子レンジは500wがポイント！ マグカップひとつあれば食べたいときにすぐつくれる！
加熱時間が足りないときは、10秒ずつ追加してください。

[材料] マグカップ1個分

卵…1個
水…100ml
Ⓐ ┌ ブロッコリー（茹でたもの）…20g
　│ ウインナー…1本
　│ コーン（缶詰/水気を切ったもの）…適量
　│ チーズ…10g
　└ 顆粒コンソメ…小さじ1/2

[作り方]

1 耐熱のマグカップに卵を入れ、よく溶きほぐしておく。ウインナーはハサミで輪切りしながら、Ⓐを入れて軽く混ぜる。水を静かに注ぎ、やさしく混ぜる。

2 ふんわりラップをかけて500wの電子レンジで2分半加熱する。

栄養爆弾！スパニッシュオムレツ

耐熱容器にラップを敷いておくことで、くっつき防止！
ブロッコリーとじゃがいもでビタミンCをプラスします。

■材料

じゃがいも…1/2個（50g）
玉ねぎ…1/2個（100g）
ベーコン…1パック（40g）
ブロッコリー…30g
Ⓐ 卵…2個
　顆粒コンソメ…小さじ1/2
　牛乳…大さじ2
　塩、こしょう…各少々

■作り方

1 じゃがいもは1cm角に切り、玉ねぎは粗みじん切りにする。ベーコンは1cm幅に切る。ブロッコリーは小さめに切る。

2 耐熱容器（約18×12cm 深さ5cmを使用）にラップをしいて、具材を入れてふんわりラップをして3分加熱する。Ⓐを入れて卵を溶き、ふんわりラップをして3分加熱する。ラップごとはずし、食べやすく切る。

マヨネーズを入れてコクと旨みをプラス！ 野菜は水分が出てしまわないように強火でさっと炒めて。

材料

卵…2個
トマト…1個（180g）
もやし…100g
乾燥きくらげ…15g
小松菜…1/3束（100g）
にんにく…1かけ
ごま油…適量
Ⓐ 鶏ガラスープの素…小さじ1/2
　醤油…小さじ1/2
　塩、こしょう…各少々

作り方

1 にんにくはみじん切りにする。トマトは8等分に、小松菜は2cm幅に切る。きくらげは水で戻して食べやすい大きさに切る。ボウルに卵を割り入れ、Ⓐを加えて混ぜ、卵液をつくる。

2 フライパンにごま油を入れて熱し、にんにくを加えて弱火で香りが出るまで炒める。もやし、小松菜、きくらげを加え、強火でさっと炒める。1の卵液を加えて火を通す。火を止め、トマトを入れて余熱で火を通す。

五目中華たまご炒め

レンジで完成！ にら玉

ポイントはにらの茎の部分を短めに切ること！ 火が均等に入ります。
2回に分けて加熱することでたまごのふわふわ感UP。

|材料|

卵…3個

にら…1/3束

Ⓐ ごま油…大さじ1/2

　鶏ガラスープの素…小さじ1/2

　醤油…小さじ1/2

|作り方|

1 にらは茎の部分は1〜2cm幅、残りは2〜3cm幅に切る。耐熱ボウルに卵を割り入れ、Ⓐを加えてよく溶く。

2 にらを加えラップをして電子レンジで1分加熱。取り出して軽く混ぜて、追加で1分半加熱して出来上がり。

なんちゃってとんぺい焼き

レンチンして、たまごをのせるだけ！
肉や魚がないときは練りもので代用。
キャベツもモリモリ食べられて満足度高め！

材料

豚こま切れ肉…120g
キャベツ…150g
ちくわ…3本
卵…2個
中濃ソース…適量
マヨネーズ…適量
青のり、かつお節…各適量

作り方

1 キャベツはせん切りに、ちくわは輪切りにして耐熱ボウルに移し、ラップをかけて電子レンジで3分加熱する。卵は溶いておく。

2 フライパンに油を少々（分量外）入れて熱し、1の卵を流し入れて広げる。固まってきたら手前に1のキャベツとちくわをのせ、折りたたむ。

3 2を皿に移し、お好みで中濃ソース、マヨネーズ、青のり、かつお節をかける。

たくあんたまご焼き

たくあんが味の決め手に！
調味料はマヨネーズだけ。
しらすを入れてカルシウムを
コツコツととろう！

材料

卵…3個
水…大さじ3
しらす…30g
たくあん（みじん切り）…30g
マヨネーズ…小さじ1

作り方

1 ボウルに材料を全て入れてよく混ぜる。耐熱容器（約18×9cm 深さ5cmを使用）にラップをしいて卵液を入れ、ラップはかけずにレンジで2分加熱する。

2 一度取り出し軽く混ぜ、さらに40秒加熱。

3 キッチンペーパーに2を取り出し、キッチンペーパーで包んで形を整える。

ひと皿で大満足！ ボリューミー＆ ヘルシーごはん

お昼ごはんにサクッとつくって食べられるものから
がっつり食べられる丼・麺・鍋を集めてみました！
ラクしてひと皿で栄養が摂れるごはん。理想的♡

甘辛ダレでごはんがススム！ルーローハン

たまごとチンゲンサイを入れてひと皿で栄養満点♪
豚こまだけど満足感100%　甘辛タレでごはんがススム♪

┃材料┃ 2人分

豚こま切れ肉…200g
卵…2個
チンゲンサイ…1株
ごま油（炒め用）…適量
Ⓐ 水…100ml
　酢、醤油、酒…各大さじ1
　オイスターソース…大さじ1/2
　砂糖…大さじ1
　しょうが…3cm
ごはん…適量

┃作り方┃

1 卵は好みのかたさにゆでる。チンゲンサイは
　ラップで包んで電子レンジで2分加熱して食べ
　やすい大きさに切る。

2 豚こま切れ肉を食べやすい大きさに切る。フラ
　イパンにごま油を熱し、肉を炒め、Ⓐを入れ中
　火で汁気がなくなるまで　炒め煮にして味をか
　らめる。

お野菜たっぷりお手軽鍋！ ミンチにはえのきをたっぷり混ぜてこっそり栄養底上げ。
ごまのプチプチ食感がやみつきに！

白菜大量消費！ ごま肉団子鍋

|材料| 2人分

鶏ひき肉…150g
白菜…1/8個（300g）
にんじん…1/2本（90g）
えのき…30g
水…600ml
Ⓐ 醤油、酒…各大さじ1/2
　 白ごま…大さじ1
　 鶏ガラスープの素…小さじ1/2
Ⓑ 酒、醤油…各大さじ1
　 和風だしの素…小さじ1
　 塩…少々

|作り方|

1 白菜は食べやすい大きさに、にんじんは8mm幅の輪切りにして、耐熱皿に入れてふんわりラップをかけて電子レンジで2分加熱する。ポリ袋に鶏ひき肉、Ⓐ、えのきを切りながら入れてよく混ぜ合わせる。

2 鍋に分量の水を入れて沸かしたら、1のポリ袋の端を1ヶ所切り、絞り出して、肉をひと口大に丸めながら入れる。白菜を加えたらフタをしてさらに煮込んで火を通す。

3 1のにんじんを加え、Ⓑで味をととのえる。

炊飯器で簡単！絶品カオマンガイ

炊飯器に入れる「だけ」という手軽さ！　蒸し野菜も忘れずに。
通常炊飯のスイッチ押したら、待ち時間は自分時間に！

材料

米…2合
鶏もも肉…1枚（250g）
にんじん…1/2本
ブロッコリー…1/4個
（下味）
酒…大さじ2
塩、こしょう…各少々
Ⓐ 醤油…大さじ1
　 しょうが、にんにく…各1cm
　 長ねぎの青い部分（臭み消し）
　 …1本分

（かけだれ）
Ⓑ 醤油…大さじ3
　 砂糖…小さじ2
　 ごま油、レモン汁…大さじ1
　 長ねぎ（みじん切り）…10g

作り方

1　鶏肉は酒と塩、こしょうで下味をつけておく。にんじんは食べやすい大きさに切り、ブロッコリーは小房にして、それぞれアルミホイルに包んでおく。

2　米を洗い、炊飯釜にⒶを入れ、2合の目盛まで水を注ぐ。その上に1の鶏肉とアルミホイルに包んだ野菜をのせて炊飯する。

3　ボウルにⒷを合わせておく。炊飯後、鶏肉、野菜、長ねぎを取り出す。鶏肉は食べやすい大きさに切る。皿に全てを盛り合わせⒷをかける。お好みで、きゅうり、レタス、ミニトマト（各分量外）を添える。

コク旨！ちゃんぽん風うどん

おうちで簡単につくるなら…牛乳を入れることでコクと旨みをプラス！
お野菜がたくさん食べれるのも嬉しいポイント。

材料

豚こま切れ肉…120g
うどん…1袋
キャベツ…100g
にんじん…1/3本（50g）
もやし…100g
Ⓐ 水…600ml
　酒、みりん、鶏ガラスープの素
　…各大さじ1
　にんにく、しょうが…各1cm
　塩、こしょう…各少々
Ⓑ 牛乳…200ml
　醤油…大さじ1
　コーン（缶詰/水気を切ったもの）…30g
　かまぼこ…50g

作り方

1 豚こま切れ肉は食べやすい大きさに切る。キャベツは2cm角、にんじんは1×3cmの薄切り、かまぼこは5mm幅に切る。

2 鍋に油（分量外）を入れて、**1**の肉と野菜とかまぼこを炒める。Ⓐを入れ、フタをして野菜が柔らかくなるまで煮る。Ⓑを入れて沸騰しない程度に温める。

3 うどんを袋の表示通りに茹でて器に盛り、**2**を汁ごとかける。

レンジで簡単！てりたま丼

包丁いらず・火を使わないのにボリューム満点丼！
つくりおきもOK！

|材料| 2人分

鶏もも肉…1枚（300g）
Ⓐ 醤油、みりん…各大さじ1と1/2
　 砂糖…小さじ1強
　 （片栗粉・水…各大さじ1）
Ⓑ 卵…2個
　 牛乳、マヨネーズ…各大さじ1/2
　 塩、こしょう…各少々
ごはん…適量

|作り方|

1 鶏肉はひと口大に切り耐熱ボウルに入れ、Ⓐを加えよく混ぜる。ラップをかけて、電子レンジで2分加熱。取り出して混ぜたら、もう一度2分加熱。タレにとろみをつけたい場合は水溶き片栗粉を加え混ぜる。

2 耐熱ボウルにⒷを入れてよく混ぜる。ふんわりラップをかけてレンジで10秒加熱する。好みの具合になるまで10秒ずつ加熱する。

3 茶碗に温かいごはんを盛り、2→1の順にのせ細ねぎ（分量外）を散らす。

デトックススープ！きのこたっぷりクッパ

ニラはハサミで切りながら入れる！
たまごは触りすぎずにふんわり感UP

|材料| 2人分

しめじ…40g
エリンギ…1本
しいたけ…3個
にら…1/3束
ごま油…大さじ1
水…350ml
卵…2個

Ⓐ 醤油…大さじ1/2
　 鶏ガラスープの素…小さじ1
　 にんにく…2cm
　 塩…少々
白ごま…適量
ごはん…適量

|作り方|

1 しめじは根元を切り落としほぐし、しいたけは軸を取って厚めにスライス。エリンギは食べやすい大きさに切る。卵は溶いておく。

2 鍋にごま油を入れて熱し、1のきのこを加え軽く炒める。水を入れて沸騰したらⒶを入れにらをはさみで切りながら入れる。最後に溶き卵をまわし入れて2、3回軽く混ぜる。

3 茶碗に温かいごはんを盛り、2をのせ、ごまをかける。

マグロは良質なたんぱく質が豊富！
美容食材のアボカドと一緒に食べて
足りない栄養を補い合う！
和えるだけ絶品丼が完成！

┃材料┃ 2人分

まぐろ（刺身用）…150g
アボカド…1個

Ⓐ めんつゆ（3倍濃縮）…大さじ1
　 ごま油…大さじ1/2
　 白ごま…小さじ1
　 にんにく…2cm

ごはん…適量
細ねぎ（小口切り）…適量
きざみのり…適量

┃作り方┃

1 まぐろとアボガトは1cm角に切る。ボウルに移しⒶを加えて10分つける。

2 温かいごはんの上に**1**をのせ、お好みで細ねぎ、刻みのりを散らす。

**相性バツグン！
カフェ風ポキ丼**

┃材料┃ 2人分

焼きそば麺…2袋
シーフードミックス…150g
豚こま切れ肉…80g
玉ねぎ…1/2個（100g）
キャベツ…150g
にんじん…1/2本（50g）
Ⓐ ごま油…大さじ1
　 酒…大さじ3

Ⓑ 水…100ml
　 醤油…大さじ1
　 ウスターソース…小さじ1
　 鶏ガラスープの素…小さじ2
　 しょうが…2cm
　 片栗粉…大さじ1
油…適量

┃作り方┃

1 シーフードミックスは流水で解凍する。にんじんは拍子木切り、玉ねぎは5mm幅、キャベツは2cm角に切る。

2 フライパンににんじん、玉ねぎ、キャベツ、豚肉、シーフードミックスの順に入れ、Ⓐをまわし入れフタをして中火で10分蒸し焼きにする。途中何度か混ぜる。Ⓑをよく混ぜ合わせ**2**に加える。とろみがつくまで加熱する。油を熱したフライパンで焼きそばをカリッと焼き、**2**をかける。

調味料と一緒に片栗粉を溶かしてあんかけを簡単に！

**失敗しない！
海鮮あんかけ焼きそば**

給食の先生aoiメモ　#04

手づくり調味料あれこれ

普段の調味料のこと

料理の基礎であり、アレンジ豊富な調味料。ご当地のものや味変(あじへん)にもなるものはたくさんありますよね。

その中でも私のこだわりの調味料は"味噌"です。種類を常備して、気分に合わせて味噌汁の味を変えて楽しんでいます。汁物は毎日かならず食事にプラスするようにしているので飽きないようにもひと工夫できます。発酵食品を手軽にとれるのと、子どもの体調が悪いときはお味噌汁をつくって水分、塩分を補給させてます。

また調味料を余らせずに使い切るコツとして、余らせがちなドレッシングは、フライパンで焼いたお肉に煮からめて使ったり、ひき肉に練り込んで下味をつけたりして、調味料として使うこと。
サラダ＝ドレッシングにとらわれずにいろんな食材に掛け合わせてみると料理も楽しくなるかもしれませんね。

3種類の味噌を同じ容器に入れて、料理によって味噌を調合して使用。これだと合わせ味噌もラクチン！

◉手作り調味料のご紹介
にらダレレシピ

淡白なささみやむね肉に相性抜群！　鶏ハム、餃子、唐揚げにかけてワンアクセントになる万能調味料！

|材料|

にら…30g
Ⓐ 醤油…大さじ1と1/2
　 酢、ごま油…各大さじ1
　 白ごま…大さじ1/2
　 砂糖…小さじ1/2
　 にんにく、しょうが…各1cm

|作り方|

1 にらをみじん切りにして容器に入れる。

2 Ⓐを入れ、よく混ぜ合わせる。
　（数時間馴染ませるとさらにおいしく♪）

ねぎダレレシピ

万能ネギダレ。チャーハンやお肉のつけだれとしても大活躍！

|材料|

長ねぎ…30g
Ⓐ ごま油…大さじ2
　 塩…小さじ1/3
　 にんにく…1cm

|作り方|

1 ねぎをみじん切りにして容器に入れる。

2 Ⓐを入れ、よく混ぜ合わせる。

STEP 7

5分でつくれる！
あともう一品ほしい
ときの簡単おかず

忙しいときでもササッと一品。
すぐ食べたいときに栄養価の高いおかずが
つくれると嬉しいですよね。
冷蔵庫にある食材でパパっとつくれちゃう14品！

ホワイトソースは電子レンジでダマなし、簡単に♪
冷凍ストックも可能。電子レンジで解凍すれば、とろとろにもとどおり！
このソースおいしいって褒められるかも♡

[材料]

厚揚げ…1枚（120g）
ケチャップ…大さじ1
ホワイトソース…適量
スライスチーズ…1枚

［ホワイトソース］
※つくりやすい量
バター…10g
薄力粉…10g
牛乳…150ml
Ⓐ 顆粒コンソメ…小さじ1/3
　 塩、こしょう…各少々

[作り方]

1 ホワイトソースをつくる。耐熱ボウルに薄力粉とバターを入れ、電子レンジで30秒加熱し粉っぽさがなくなるまでよく混ぜる。牛乳を少量ずつ入れて、泡立て器でなめらかになるまでよく混ぜる。電子レンジで1分加熱し、よく混ぜる。再度、電子レンジで2分加熱し、よく混ぜる。Ⓐで調味する。

2 厚揚げは食べやすい大きさに切る。耐熱皿にのせ、ケチャップ、1のホワイトソース50g、チーズの順にのせ、トースターでチーズに焼き色をつける。好みでパセリ（分量外）をふる。

厚揚げの時短グラタン

切り干し大根のサラダ

鉄分、ビタミン豊富な栄養満点切り干し大根！
食感がやみつきなサラダにしてモリモリ食べちゃおう♪

材料

切り干し大根…30g
にんじん…1/2本（50g）
きゅうり…1本（100g）
塩（塩もみ用）…小さじ1
Ⓐ ツナ（缶詰）…1個
酢、醤油…各大さじ1
白ごま…大さじ1/2

作り方

1 切り干し大根は水を入れ10分置く。流水でよく洗い、食べやすい大きさに切っておく。にんじんときゅうりはせん切りにして、塩をかけて5分置いたら水気をよく絞っておく。

2 1にⒶを入れてれてよく和える。

ピーマンが苦手な息子が克服した一品！
捨てがちなピーマンの種には
むくみ予防のカリウムが豊富だから
逃さず食べよう！
時短＆栄養もとれて一石二鳥！

材料

ピーマン…5個
ベビーチーズ…2個
Ⓐ めんつゆ（3倍濃縮）…大さじ1
　かつお節…1つかみ

作り方

1 ピーマンは洗い、ヘタを取り半分に切る。
ベビーチーズは6等分に切る。

2 耐熱容器にピーマンを入れ、ふんわりラップ
をして電子レンジで3分加熱する。粗熱を取
り、温かいうちにチーズとⒶを入れ混ぜる。

ピーマンとチーズのおひたし

レンジで3分、簡単クリーミー！
使い勝手がとってもいいから、
ついつくりたくなる♪

材料

かぼちゃ…250g
Ⓐ 牛乳…大さじ3 〜 4
　バター…5g
　塩…少々
レーズン、ナッツ、ブラックペッパー…お好みで

作り方

1 かぼちゃはワタを取って薄切りにする。耐熱
ボウルに入れ、ラップをふんわりとかけて電
子レンジで3 〜 4分加熱する。

2 かぼちゃをマッシャーで潰したらⒶを入れて
好みの柔らかさにする。お好みでレーズン、
ナッツ、ブラックペッパーをかける。

かぼちゃのマッシュサラダ

じゃがいもが熱いうちに
チーズを入れてとろーり柔らかに！
チーズは手軽に乳製品がとれる優れもの♪

|材料|

じゃがいも…2個（約200g）
ベビーチーズ…2個
たらこ…1腹
マヨネーズ…大さじ2
塩…少々
ブラックペッパー…お好みで

|作り方|

1 じゃがいもの皮をむいて、食べやすい大き
さに切る。水にさらして水気を切り、ラップ
をして電子レンジで3分加熱する。ベビー
チーズを8等分にする。たらこは薄皮をとっ
ておく。

2 熱いうちに1をボウルに入れて混ぜる。マヨ
ネーズ、塩、ブラックペッパーを入れてさら
に混ぜる。

漬さない！
チーズ入りたらもサラダ

小松菜はほうれん草よりも鉄分が豊富！
クセが少ないからマヨネーズとも相性抜群。
ひじきもサラダにすると
食べやすくておすすめです！

|材料|

小松菜…1/2束
にんじん…1/3本
乾燥ひじき…大さじ1
コーン（缶詰）…1/2缶
Ⓐ マヨネーズ…大さじ1
　醤油、酢…各小さじ1/2
　砂糖、すりごま…各小さじ1/2

|作り方|

1 乾燥ひじきは水で戻して5分置き水気を切
る。コーンも水気を切っておく。にんじんは
せん切りにする。小松菜は根元を少し落とし
て3cm幅に切ってよく洗う。電子レンジで3
分加熱し、粗熱を取り水分をよく絞る。

2 ボウルに1とⒶを入れ混ぜ合わせる。

小松菜とひじきのマヨサラダ

73

調味料を入れてからレンジで加熱することで
味が染み込みやすく！
栄養満点な種ももちろん一緒に♪
塩昆布は最後に加えて、
塩味を調整してください。

材料

ピーマン…5個（約150g）
Ⓐ｜ごま油…大さじ1/2
　｜鶏ガラスープの素…小さじ1/2
Ⓑ｜塩昆布…5g 〜
　｜しらす…20g
　｜ごま…適量

作り方

1 ピーマンはヘタを取り、種はつけたままにする。せん切りにして、耐熱ボウルに移しⒶを加え混ぜる。

2 ラップをかけて電子レンジで2 〜 3分加熱する。Ⓑを加え、塩昆布の量を調整しながら調味する。

無限ピーマン

素材の味を生かして、味つけは最小限に。
すりごまはいりごまよりも
消化吸収がいいのが特徴です！

材料

かぼちゃ…150g
Ⓐ｜かつお節…2g（ひとつかみ）
　｜醤油…小さじ1/2
　｜すりごま…大さじ1

作り方

1 かぼちゃはワタを取り2cm角に切る。耐熱ボウルに入れ、ふんわりラップをかけて電子レンジで4分加熱する。

2 1にⒶを加え、やさしく混ぜる。

かぼちゃの
ごまおかか和え

ほうれん草と同量の鉄分量。
美容にも嬉しい隠れ栄養食材！
ブロッコリーのビタミンはゆでると
水に溶け出てしまうので
少量のお水で蒸して栄養逃さず！

▌材料

ブロッコリー…100g
オリーブオイル…大さじ1
にんにく…1cm
粉チーズ…大さじ1〜2

▌作り方

1 ブロッコリーは食べやすい大きさに切り分ける。

2 フライパンにオリーブオイルとにんにくを入れて熱し、にんにくの香りが出たらブロッコリーを加えて焼き色がつくまで炒める。水大さじ1（分量外）を入れ、フタをして軽く蒸し焼きにする。仕上げに粉チーズをふる。

無限焼きブロッコリー

お弁当にも最適！
えびを使った簡単・高たんぱくおかず。
はんぺんは袋の上からつぶして、
えびは爪楊枝で簡単背わた取り！

▌材料

えび…100g
はんぺん…1袋（100g）
Ⓐ マヨネーズ…大さじ1
　 塩…少々
片栗粉…大さじ1
油…適量

▌作り方

1 えびの背わたを取り、1cm大にざく切り。はんぺんは袋の上から手でもんで細かくする。

2 ボウルにはんぺん、えび、Ⓐを入れて混ぜる。なじんだら片栗粉を入れ、もう一度よく混ぜる。

3 フライパンに油を入れ熱し、**2**の形を整えて弱〜中火で5分焼く。

ぷりぷり！えびはんぺん焼き

DHAたっぷり！ 手軽なさば缶を使って
キャベツの大量消費にも。
軽くトーストしたパンにはさんで
食べるのもおすすめです！

▌材料

キャベツ…1/4個（200g）
さば水煮缶…1缶
ごま油 大さじ…1
塩、こしょう…各少々
酒 大さじ…1
Ⓐ 醤油…小さじ1/2
　 ごま…適量

▌作り方

1 キャベツはせん切りにする。フライパンにごま油を熱し、キャベツを炒めて塩こしょうをする。サバ缶を汁ごと入れ粗めにほぐし、酒を加えて汁気がなくなるまで炒める。

2 Ⓐを入れ混ぜ合わせる。

さば缶キャベツ

季節問わずさっぱり食べられる一品。
茹で汁に砂糖を入れることで、お肉が硬くなるのを防ぎます。
アクを取った茹で汁はスープやカレーに使用可！（冷凍も可能）

▌材料

豚しゃぶ用薄切り肉…150g
きゅうり…1本
水（ゆでる用）…500ml
Ⓐ 酒…大さじ1/2
　 砂糖…小さじ1/2
Ⓑ 梅干し…1個
　 ポン酢…大さじ2
　 砂糖…小さじ1/2
　 ごま油・白いりごま…大さじ1

▌作り方

1 きゅうりは斜め薄切りにして、縦半分に切る。梅干しは種を取りたたいておく。

2 小さめの鍋に水を入れて火をかけ、沸騰したらⒶを加えお肉を2、3枚ずつゆでていく。ザルにあげそのまま冷ます。

3 ボウルにⒷを入れて混ぜ、材料を全て入れたらタレがからむように混ぜる。

さっぱり！ きゅうりの梅豚しゃぶ

れんこんとほうれん草は足りない栄養を
補い合う、相性の良い組み合わせです。
ほうれん草の水気はよく絞ると
味なじみが良くなります。

｜材料｜

ほうれん草…1/2束
れんこん…100g
Ⓐ 醤油…大さじ1
　 マヨネーズ…大さじ2
　 すりごま…大さじ2

｜作り方｜

1 れんこんは2mm幅の薄切りにして酢水（分
　 量外）にさらしてから電子レンジで4分加熱
　 して粗熱をとる。ほうれん草はよく洗って
　 ラップに包んで3分加熱する。水に入れてア
　 クを取り、水気をしぼり、食べやすい大きさ
　 に切る。

2 ボウルに1とⒶを入れ、混ぜ合わせる。

れんこんと ほうれん草のごま和え

レンジで2分の簡単おかず！　彩りも良い副菜。
ポイントはもやしの水分を
ぎゅーっと絞ること！

｜材料｜

もやし…1袋（200g）
きゅうり…1/2本
かにかま…5本
Ⓐ ポン酢…大さじ1と1/2
　 鶏ガラスープの素…小さじ1
　 ごま油…大さじ
　 白ごま…適量

｜作り方｜

1 きゅうりはせん切りにして、もやしは電子レ
　 ンジで2分加熱し、水気をよく絞る。

2 ボウルにきゅうり、もやし、かにかまをほぐ
　 し入れて、Ⓐを入れ混ぜ合わせる。

かにかま中華もやし

お気に入りの耐熱容器

電子レンジや冷凍もできる万能さが魅力

このレシピ本にもたくさん登場している耐熱容器はこちら！ 使いやすいサイズ感、冷蔵庫の中で収納しやすく重なるのでハマってしまった保存容器です。保存だけでなく、電子レンジや冷凍もできる万能さ。オーブンも使えるのでよくグラタンやドリアをつくります！ 残ったらそのままフタをして保存ができて便利。ラップをする手間やゴミも減るので愛用しています。

「iwaki（イワキ）耐熱容器　パック＆レンジ」

省スペースに収納できるし、汁物にも使える

自立する保存容器。電子レンジ、冷凍、食洗機もOK。汁物を入れてもしっかり自立してくれるし、省スペースに収納ができるところがお気に入りポイントです！ また、野菜の切れ端を保存するときにも便利です。一番小さいサイズは、外出時の離乳食の持ち運びや、レトルトのお皿代わりにもなってくれてとても大活躍していました。

「ZIP TOP」

もう副菜で悩まない！
つくりおきで
食卓を豊かに

時間があるときにつくっておきたい『つくりおき』。
つくっておいてよかった！と思うような、
簡単なのに栄養満点なおかずを14品集めました。

骨ごと食べられるししゃもはカルシウムたっぷり！
お酢と食べることによってさらに吸収しやすくなります！

|材料|

ししゃも…10尾
玉ねぎ…1/2個（100g）
にんじん…1/3本（30g）
ピーマン…2個（50g）
薄力粉…大さじ1/2
油…大さじ1強
Ⓐ｜酢…大さじ5
　水、砂糖…大さじ2
　醤油…大さじ1
　和風だしの素…小さじ1
　しょうが…1cm
　塩…小さじ1/3

|作り方|

1 玉ねぎ、にんじん、ピーマンはせん切りにする。耐熱皿に野菜とⒶを入れて電子レンジで1分加熱する。

2 フライパンに油を入れ熱し、ししゃもに薄力粉をまぶして焼く。焼いたら1に入れて野菜を上に乗せて冷蔵庫で冷やす。

ししゃもの南蛮漬け

野菜の旨みがぎゅっと！ 無水ラタトゥイユ

野菜の水分だけでつくるから栄養総取り！　水分を含む野菜、トマト、玉ねぎ、ナスがおすすめ。
味つけもシンプルだから自分好みにアレンジして！

▮材料

鶏むね肉…80g
玉ねぎ…1/4個（50g）
なす…1/3本（50g）
にんじん…1/3本（50g）
ズッキーニ…1/4本（50g）
パプリカ（赤・黄）…1/4個（50g）ずつ
にんにく…1cm
Ⓐ　トマト…1個
　　オリーブオイル…大さじ1
　　塩 こしょう…少々
粉チーズ、オリーブオイル…お好みで

▮作り方

1　鶏むね肉は小さめのひと口大、玉ねぎは横に切り1cm幅、なす、にんじん、ズッキーニは銀杏切り、パプリカは種とヘタを取り2cm角、トマトも2cm角に切っておく。

2　耐熱皿にトマト以外の材料を入れラップをして電子レンジで4分加熱する。Ⓐを加えて全体的に混ぜ合わせ、さらに2分加熱する。

にんじんのβカロテンは
皮に多く含まれているので
きれいに洗って皮ごと使います。
ヘルシーでボリューム◎

にんじんとささみの蒸しサラダ

材料

鶏ささみ…2本
酒…大さじ1/2
にんじん…1/2本
Ⓐ｜すりごま…大さじ1
　｜酢…大さじ1
　｜醤油…大さじ1/2
　｜塩…少々

作り方

1　ささみはスジを取り耐熱ボウルに移す。酒を加えなじませたら、ラップをかけてレンジで3分加熱。粗熱を取り、ほぐしておく。にんじんは 太めのせん切りにし、耐熱ボウルに入れてレンジで3分加熱する。

2　にんじんの入ったボウルに、ささみとⒶを加えて和える。

揚げ焼きにして香ばしさUP！
子どもが好きなコーンも入れて、
納豆苦手も克服できるかな〜！

納豆の落とし揚げ

材料

納豆…2パック
付属のタレ…2つ
コーン（缶詰）…30g
薄力粉…大さじ2〜3
青のり…小さじ1
薄力粉…大さじ2程度
油…大さじ2程度

作り方

1　ボウルに納豆、付属のタレ、水気を切ったコーン、青のりを入れて混ぜる。薄力粉を加え軽く混ぜ合わせる。

2　フライパンに油を入れて熱し、スプーンですくい油に落とす。2〜3分揚げ焼きにする。

食物繊維がたっぷりとれる、
一度食べたら箸が止まらないサラダ！
お惣菜の再現のポイントは
ツナ缶を入れすぎないこと！

材料

ごぼう…1本（80g）
にんじん…1/3本（60g）
ツナ缶（油漬け）…1/2缶
Ⓐ マヨネーズ…大さじ4
　　醤油、酢…各小さじ1
　　砂糖…小さじ1/2

作り方

1 ごぼうはアルミホイルでこすって洗う。せん切りして水にさらしてアク抜きする。にんじんもせん切りする。

2 耐熱ボウルに入れて電子レンジで4分加熱する。

3 ツナ缶は油ごと、Ⓐも一緒に2に入れよく混ぜる。

惣菜売り場を超えた!?
ごぼうのマヨサラダ

火は使わない簡単グラッセ。
味噌を使って発酵食品も取り入れよう！

材料

にんじん…1/2本（90g）
Ⓐ バター…5g
　　味噌、砂糖…各小さじ1/2

作り方

1 にんじんは1cmの幅の輪切りにする。耐熱ボウルに移し、電子レンジで3分加熱する。

2 温かいうちにⒶを入れ、よくからめる。

からだの調子を整える
にんじん味噌グラッセ

砂糖→塩の順につけることで柔らかさUP！
Ⓐの調味料を変えるだけで、アレンジが豊富に。
レモン、塩麹、醤油麹、今日はどの味にしよう♪

▌材料

鶏むね肉…1枚（300g）
塩・砂糖…小さじ1/2
Ⓐ｜オリーブオイル…大さじ1/2
　｜塩、こしょう…各少々

▌作り方

1 鶏むね肉の皮を取り、全体的にフォークで刺す。砂糖→塩の順にふり、なじませてチャック付きポリ袋に入れてⒶを加える。

2 鍋に水を入れ沸騰したら1を入れて弱火で5分加熱。火を止めフタをして20分放置する。袋ごと取り出し、粗熱をとり、切り分ける。

お湯につけるだけ！無限ゆで鶏ハム

きのこは天日干しするだけで栄養価と
旨みが高まる！
えのきにはGABAも含まれているので、
えのきを食べてストレス解消に！？

▌材料

えのき…1袋（200g）
Ⓐ｜醤油…大さじ2
　｜酢…大さじ1
　｜砂糖…大さじ1/2

▌作り方

1 えのきの石づきを1cm程度切り落として、2cm幅に切る。

2 耐熱ボウルにえのきとⒶを入れて軽く混ぜ合せ、ふんわりラップをして電子レンジで3分加熱する。取り出したらよく混ぜる。

干して栄養価UP！無添加なめたけ

しらたきは糖分は少なく、食物繊維が豊富！
ヘルシーで腹持ちも良い！

材料

ごぼう…1/2本（50g）
しらたき…200g
Ⓐ 醤油、みりん…各大さじ1
　 砂糖…大さじ1/2
　 白ごま…適量

作り方

1 ごぼうは皮をこそげてから、薄切りにして酢水（分量外）に3分さらす。
　 糸こんにゃくはザルにあげ、水気を切る。

2 水を切ったごぼうをごま油で柔らかくなるなるまで炒める。ごぼうが柔らかくなったら、糸こんにゃくをはさみで切り入れる。

3 Ⓐ入れて味がなじんだらごまを入れる。

ごぼうしらたききんぴら

高野豆腐の鉄分は豆腐の約5倍！
体にいいたんぱく質も
たくさん含まれています。

材料

鶏ひき肉…200g
高野豆腐（乾燥）…1枚（15g）
Ⓐ みりん…大さじ2
　 醤油、砂糖…各大さじ1
　 和風だしの素…小さじ1/2
　 白ごま…大さじ1/2

作り方

1 高野豆腐を水に浸して戻す。水気をよく絞り、1cm角に切る。

2 フライパンに油を入れて熱し、ひき肉を炒める。1とⒶを加え水気がなくなるまで煮る。

高野豆腐そぼろ

かぼちゃは電子レンジで加熱してから揚げると時間短縮！
この「2分」が重要です。
パン粉は数個まとめてつけるのが簡単でおすすめ！

かぼちゃフライ

|材料|

かぼちゃ…300g
パン粉…適量
Ⓐ 薄力粉…大さじ3
　水…大さじ5
油…適量

|作り方|

1 かぼちゃを食べやすい大きさに切り、ラップをして電子レンジで2分加熱する。ボウルにⒶを混ぜ合わせ、かぼちゃを入れ、パン粉をつける。

2 フライパンに油を入れて熱し、180℃で色づく程度に揚げ焼きする。

豆腐は電子レンジで加熱してから水切りすると
味がなじみやすくなります。
たんぱく質、ビタミン、ミネラルの栄養バランスが整った最強おかず！

バランスの宝庫！ほうれん草の白和え

|材料|

絹ごし豆腐…1/2丁（150g）
ほうれん草…50g
にんじん…30g
Ⓐ 醤油…大さじ1
　砂糖…大さじ1/2
　和風だしの素…小さじ1/3
　すりごま…大さじ1
　塩…少々

|作り方|

1 ほうれん草は2cm幅に切り、にんじんはせん切りにする。鍋に水を入れ沸騰させ、柔らかくなるまで煮たらザルに移して水を切る。

2 ボウルに軽く水を切った豆腐を入れ、なめらかにする。1とⒶを入れて和える。

さばの食べ応えを残したいときは荒めにほぐして。
ひじきは量を食べにくいのでふりかけ風にしてこまめに食べよう！

自家製ふりかけ♪さばひじき

|材料|

さば（水煮缶）…1缶（160g）
乾燥ひじき…大さじ1（5g）
ごま油…小さじ1
Ⓐ 醤油…大さじ1/2
　しょうが…2cm
　白ごま…大さじ1

|作り方|

1 ひじきは水を入れ5分置いて戻して、水気を切っておく。フライパンにごま油を入れ熱し、戻したひじきを2、3分炒める。

2 さば缶を汁ごと入れて、ほぐしながら汁気がなくなるまで炒め煮る。Ⓐを加えよく混ぜる。

美容と健康によし！
栄養満点
具だくさんスープ

食事で不足がちな栄養と水分を補うために
必要不可欠なスープ。
お味噌汁、中華スープ、ポタージュ…
今日はどの味が合うかなーとイメージして
献立のまとめ役をしてくれます。

モロヘイヤは野菜の中でも
断トツの栄養価の高さ！
肌の健康を保つβカロテン、カルシウム、
葉酸がたっぷり！

材料

モロヘイヤ…30g
玉ねぎ…50g
えのき…30g
水…400ml
Ⓐ 和風だしの素…小さじ1
　 醤油…小さじ1
　 塩…少々

作り方

1 玉ねぎは薄切り、えのきは2cm幅に切っておく。モロヘイヤは葉と軸にわける。軸は捨て、葉は熱湯で1分さっと茹でて水に落とし、水気を絞り1cm幅に切っておく。

2 鍋に水を入れ沸騰させて、玉ねぎとえのきを加えて加熱する。火が通ったらⒶとモロヘイヤを加える。

栄養爆弾！ モロヘイヤのスープ

玉ねぎは丸ごとレンジでチン！
大きさによって加熱時間は要調整してください♪
もち麦を入れて満足感もUP！

材料

玉ねぎ…1個（300g）
ベーコン…2枚（20g）
蒸しもち麦（市販品）…適量
水…350ml
Ⓐ 顆粒コンソメ…小さじ1
　 塩、こしょう…各少々

作り方

1 ベーコンは1cm幅に切る。玉ねぎは皮をむき、上側に十字の切り込みを入れる。ラップで包んで耐熱皿にのせて電子レンジで4分加熱する。

2 鍋に水を沸かし、ベーコンと玉ねぎを入れて2分程度煮る。Ⓐで調味して、食べる直前に蒸しもち麦を入れる。

もち麦入り 丸ごと！オニオンスープ

鍋の中で潰して完成する新しいスープ！
ブロッコリーの栄養も全てスープに閉じ込めて、
とろみをつけたらポタージュに大変身！

|材料|

ブロッコリー…100g
じゃがいも
…150g（中1個）
水…300ml

Ⓐ｜牛乳…200ml
　｜バター…5g
　｜顆粒コンソメ
　｜…小さじ1
　｜塩…小さじ1/2
　｜こしょう…少々
水溶き片栗粉
…お好みで

|作り方|

1 ブロッコリーはよく洗い、粗めに刻む。じゃがいもは洗い、皮をむき食べやすい大きさに切り、耐熱容器に移しラップをかけて電子レンジで3〜4分加熱。

2 鍋に水とブロッコリーを入れ、中火にかけて蓋をして5分間煮る。じゃがいもを加え、柔らかくなったらマッシャーで潰す。

3 Ⓐを加え調味したら、水溶き片栗粉で好みのとろみに調整する。

美容のスープ！ ブロッコリーのポタージュ

かぼちゃは食べ応えのある大きさに！
たんぱく質、ビタミン、ミネラルがバランスが
整ったしっかり栄養のとれる食べるスープ。

|材料|

かぼちゃ…150g
大豆（水煮）…80g
バター…5g
水…300ml

Ⓐ｜牛乳…100ml
　｜コンソメ…小さじ1/2
　｜塩…ひとつまみ
　｜こしょう…少々

|作り方|

1 大豆は水気を切っておく。かぼちゃは種をとり、ワタをくり抜く。皮はむいて5mm幅に切る。

2 鍋にバターを入れて熱し、かぼちゃに焼き色をつけながら火を通す。分量の水を入れて沸騰させる。Ⓐと大豆を入れ温める。

しっかり食べ応え！ 焼きかぼちゃと豆のビタミンスープ

素材の持ち味を生かすように
味は鶏肉の旨みと塩麹だけ！
野菜もたっぷり食べられる
体に優しいスープです。

材料

鶏もも肉…100g
にんじん…30g
白菜…70g
水…400ml
塩麹…小さじ1

作り方

1 鶏肉は小さめのひと口大に切る。にんじんは半月切り、白菜は1cm幅に切る。

2 鍋に油を入れて熱し、鶏肉とにんじんを入れて肉の色が変わるまで炒める。水と白菜を入れて柔らかくなるまで煮る。最後に塩麹を入れて味を整える。

塩麹のチキンスープ

電子レンジで簡単に濃厚スープ！
調味料は2回に分けることで
味が濃くなりすぎない工夫を。

材料

豚ひき肉…100g
にら…1/2束
もやし…1/2袋（120g）
Ⓐ 醤油、みりん、酒…各大さじ1
　 にんにく、しょうが…各1g
Ⓑ 豆乳…250g
　 合わせみそ…大さじ1/2
　 鶏ガラスープの素…小さじ1

作り方

1 耐熱ボウルに豚ひき肉とⒶを入れてなじませたら、上にもやしをのせて、ふんわりラップをかけて電子レンジで2分加熱する。

2 肉をほぐしながら全体を混ぜたら、にらをハサミで切りながら入れ、Ⓑを加えて味噌をよく溶かす。追加で電子レンジで3分加熱する。

豆乳坦々スープ

子どもに
食べさせたい！
からだに優しいおやつ

子どもにとっておやつは「食事のひとつ」です。
市販でもいいけれど、たまには手づくりで。
子どもと一緒に食べてもおいしい。
ほっとするおやつで少し休憩しませんか。

野菜蒸しパン（にんじん）

野菜蒸しパン（小松菜）

中華風蒸しパン

野菜嫌い克服！ 野菜蒸しパン（にんじん/小松菜）

ホットケーキミックスで簡単に！　蒸し器がなくてもフライパンでつくれる！
蒸すとすりおろした野菜の甘みが引き立つ！　野菜嫌いなお子さんも食べられるかな〜！

■材料

【8号アルミカップ各4個分】
[にんじん蒸しパン]
にんじん（すりおろし）…20g
ホットケーキミックス…100g
牛乳…100g
砂糖…小さじ1

[小松菜蒸しパン]
小松菜…20g
ホットケーキミックス…100g
牛乳…100g
砂糖…小さじ1

■作り方

にんじん蒸しパン

1 ボウルにすべての材料を入れ混ぜ合わせる。

2 耐熱小皿（ココット）にアルミカップをのせ、生地を流し込む。

3 フライパンに2cm程度の水を入れる。オーブンシートを水面に浮かべその上に2を置く。タオルを巻いたフライパンでフタをして、弱〜中火で約10分蒸す。

小松菜蒸しパン

1 小松菜は細かく刻む。耐熱容器に入れてラップをして電子レンジで1分加熱する。ボウルに全ての材料を入れて混ぜ合わせる。
※2、3はにんじん蒸しパンと同様

蒸し器不要！ 中華風蒸しパン

ほんのり甘い蒸しパン。大人もハマる味です。
レーズンを入れることでおやつからも鉄分補給！

■材料

【8号アルミカップ4個分】
Ⓐ ホットケーキミックス…50g
　 卵…1個
　 醤油…小さじ1/2
　 牛乳…30ml
　 レーズン…20g
ごま油…小さじ1/2

■作り方

1 ボウルにⒶを入れよく混ぜ合わせる。ごま油を加えさらに混ぜる。

2 耐熱小皿（ココット）にアルミカップをのせ、生地を流し込む。

3 フライパンに2cm程度の水を入れる。オーブンシートを水面に浮かべその上に2を置く。タオルを巻いたフライパンでフタをして、弱〜中火で約10分蒸す。

保育園で大人気の定番おやつ!!
まさかお麩がおいしいおやつになるなんて…
カリカリ食感×キャラメル味で手が止まらない!

保育園の定番おやつ！お麩ラスク

‖材料

麩…40g
Ⓐ バター…20g
　砂糖…大さじ2
　牛乳…大さじ1/2

‖作り方

1 フライパンにⒶを入れて弱火で溶かす。

2 麩を入れ、全体的にからめてくっつかないようにカリカリになるまで炒める。

スーパーフードのおから!
食物繊維やタンパク質が豊富で、
安く手に入るのでおやつで使うのもおすすめです!

罪悪感なし！おからドーナッツ

‖材料

おからパウダー…20g
牛乳…200ml
Ⓐ ホットケーキミックス…100g
　砂糖、油…各大さじ1

‖作り方

1 ボウルにおからパウダーと牛乳を入れふやかす。Ⓐを加え、よく混ぜる。

2 フライパンに油（分量外）を入れ熱し、スプーンでひと口大に丸めて揚げ焼きにする。

子どもと一緒につくれる！
余った冷やごはんでもOK!
きなこやあんこ、お好きな味で♪

|材料|

ごはん…150g
水…大さじ1
きなこ…大さじ1
砂糖…大さじ1/2
塩…ふたつまみ
つぶあん…適量

|作り方|

1 ボウルにごはんと水を入れて粘り気が出るまで混ぜ、6等分に丸める。

2 きなこに砂糖、塩を混ぜて1にまぶす。つぶあんはラップに適量をのせて1に包む。

冷やごはんで OK！
簡単おはぎ

冷蔵庫にあるもので…
甘すぎないチーズ味のクッキー！
ポイントは薄く切りすぎないこと！

|材料|

薄力粉…100g
バター…40g
チーズ（溶けるタイプのもの）…40g
砂糖…25g

|作り方|

1 薄力粉はふるっておく。耐熱ボウルにバターを入れ、電子レンジで30〜40秒加熱する。

2 取り出したらすぐにチーズを入れ混ぜて溶かす。薄力粉を加え、切るように混ぜながらひとまとめにする。ラップで包み長方形にかたちを整え、冷蔵庫で30分〜1時間寝かせる。

3 オーブンは170℃に余熱する。天板にクッキングシートを敷いておく。包丁で7mm幅に切ったら並べてオーブンで13分焼く。

チーズクッキー

パイシートを使った腹持ちの良い簡単おやつ。
さつまいもはビタミンCや食物繊維が豊富！

パイシートで簡単！おいもパイ

材料 16本分

パイシート（冷凍）
…2枚（11cm×18cmのもの使用）
さつまいも…180g
Ⓐ 牛乳…大さじ3
　 はちみつ…大さじ1
　 バター…10g
黒ごま…適量
卵黄…1個分（はちみつで代用可）

作り方

1 さつまいもを適当な大きさに切り、水にさらす。ザルにあげ、耐熱ボウルに移し電子レンジで4分加熱。

2 熱いうちにマッシャーでつぶして、Ⓐを加えよく混ぜ合わせる。

3 パイシートは伸ばし、1枚には2を塗り広げ、もう1枚のパイシートを重ね、棒状に切る（16等分）。卵黄を塗ったら、200℃のオーブンで15分焼く。

電子レンジ使用で失敗なし！
牛乳はカルシウムはもちろん、たんぱく質やビタミンもバランスよく含まれているのでおやつに最適の食材！
好きなジャムで味変楽しんでください♪

太らない！たっぷり牛乳プリン

材料

牛乳…300ml
砂糖…大さじ4
Ⓐ ゼラチン…5g
　 水…大さじ2

作り方

1 小皿にⒶを入れゼラチンをふやかしておく。耐熱ボウルに牛乳と砂糖を入れ、ラップをせずに電子レンジで1分半加熱する。

2 ゼラチンに、温めた牛乳約大さじ2を入れて溶かす。1の耐熱ボウルに移し、よく混ぜる。好みの器に入れて冷蔵庫で冷やし固める。固まったら好みのジャムをトッピングする。

季節を楽しむ！
春夏秋冬の旬レシピ

旬の食材は、その時期に栄養価が一番高いものです。
一年中使えるように、春夏秋冬のレシピを集めました。
それぞれの季節においしいものを食べよう♪

春はこの時期にしか食べられない、
限定の食材が多いのが特徴！

食感がたまらない！
スナップえんどうのツナマヨ和え

たっぷりの水は不要！
1センチ程度の水があればおいしくゆでられます！
ビタミン豊富なスナップえんどうと
たんぱく質が豊富なツナの組み合わせ。

▌材料

スナップえんどう…15本程度、ゆで卵…1個
Ⓐ｜マヨネーズ…大さじ1、ツナ缶…1/2缶

▌作り方

1 スナップえんどうの筋をとる。フライパンに少量の水と塩を入れて（分量外）、約2分蒸したらザルにあげて冷やす。

2 スナップえんどうの水気を切り、食べやすい大きさに切る。ボウルにⒶを入れなじませ、スナップえんどうとゆで卵を加え、和える。

春を感じる
新玉とほたてのカルパッチョ

新玉は柔らかく生食向き。この時期しか食べられないので
進んで取り入れたい食材です！
そのまま食べられるベビーホタテと一緒に簡単おかず♪

▌材料

ベビーほたて…100g、新玉ねぎ…1/2個（100g）
ベビーリーフ…適量
Ⓐ｜オリーブオイル…大さじ1、レモン…小さじ1
　｜砂糖…小さじ1/2、塩…ひとつまみ
　｜ブラックペッパー…少々

▌作り方

1 新玉ねぎは薄切りにする。辛味が気になる場合は水にさらしておく。ボウルにⒶを入れて混ぜておく。

2 皿に新玉ねぎ、ベビーほたて、ベビーリーフの順んで盛りつけ、1の合わせたソースをかける。

春キャベツのナムル

食感を楽しみたい場合は加熱せず、生のままでも！
キャベツ含まれるビタミンUは胃腸を整える効果が。
これがあのキャベジン！

材料

キャベツ…150g

Ⓐ 桜えび…2g、にんにく…2cm、オリーブオイル…小さじ1
塩…小さじ1/3

作り方

1 キャベツをひと口大に切る。耐熱ボウルに移して電子レンジで2分加熱したら、粗熱を取って水気をしぼる。

2 ボウルにキャベツとⒶと入れて和える。

新生姜の炊き込みごはん

新生姜は香りが高く辛味も少ないので生食向きです。
ふんだんに入れて春らしい炊き込みごはんにしてみました！
美容にも嬉しい成分たっぷり！

材料

米…2合、新しょうが…50g、えのき…40g、水（2合分の分量）

Ⓐ 和風だしの素…小さじ1、醤油…大さじ2
みりん、酒…各大さじ1

作り方

1 米を洗い、水（分量外）に30分つける。新しょうがは薄くスライスして千切りにする。えのきは2cm幅に切る。

2 釜に米とⒶを入れ、2合まで水を加えたら、新生姜、えのきを入れて炊飯する。

新じゃがポテトフライ

新じゃがは通常の2～4倍のビタミンCが含まれています。
大人も子どもも大好きな
ポテトフライ×コンソメはもう争奪戦！！

材料

新じゃかいも…中2個（300g）、油…適量

Ⓐ 顆粒コンソメ…小さじ1/2、粉チーズ…大さじ1

作り方

1 じゃがいもは皮つきのままくし切りにして水にさらす。耐熱ボウルに入れてラップをして電子レンジで2分加熱し水分を取る。

2 フライパンに油を入れて熱したら、1を170℃でじっくり揚げ焼きにする。油を切り、ボウルに移しⒶを入れて和える。

たけのこのフリット

この時期だけの美味しい食べ方…
味つけはシンプルにのり塩がおすすめです！
たけのこの旨味成分には
疲労効果のあるアミノ酸や食物繊維がたっぷり！

材料

たけのこ（水煮）…120g、醤油…小さじ1
Ⓐ 薄力粉…大さじ2、水…大さじ2と1/2、かつお節…適量
　　青のり…適量、塩…少々

作り方

1 たけのこは8等分に切って醤油で下味を付ける。

2 フライパンに油を入れ170℃に熱しておく。たけのこの水分を軽く切り、合わせたⒶにくぐらせて揚げる。

せん切りアスパラのラペ

ピーラーを使ってもせん切りにしてもOK。
にんじんを入れてアレンジしても♪
アスパラは免疫力を高めるカロテンが豊富！

材料

アスパラガス…5本
Ⓐ 酢、オリーブオイル…各大さじ1、砂糖…小さじ1/2
　　塩…小さじ1/3、こしょう…少々

作り方

1 アスパラの皮下3〜4cmの部分をピーラーでむく。斜め薄切りにしせん切りにする。耐熱ボウルに移し、電子レンジで2分加熱。

2 ボウルにⒶを入れてよく混ぜたら、アスパラを加え和える。

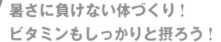

**暑さに負けない体づくり！
ビタミンもしっかりと摂ろう！**

まるごと食べる
とうもろこしごはん

軸も一緒に炊き込んで栄養逃さず。
捨てられがちな「ヒゲ」には食物繊維やカリウムが豊富。
きざんで入れて栄養ごはんに早変わり！

材料
米…2合、水…（2合分）
Ⓐ｜とうもろこし…1本分、塩…少々
お好みでバター、醤油、クリームチーズなど

作り方
1 米を洗い30分水につけておく。とうもろこしは薄皮をむき、身を包丁で削ぎ落とす。ヒゲは細かくきざんでおく。

2 釜に1と分量の水を入れ、芯も加えて炊飯。

3 お好みでバター醤油やクリームチーズを混ぜる。

フレッシュトマトの無水キーマ

トマト缶で代用可能。
野菜から出る水分は栄養の塊！
一滴残さず食べよう♪

材料
豚ひき肉…150g、にんじん…1/2本、玉ねぎ…1/2個（100g）
ピーマン…2個（70g）、なす…1/2本（80g）
トマト…2個（250g）、カレールウ…1個
Ⓐ｜ウスターソース…大さじ1、にんにく…1cm

作り方
1 にんじん、玉ねぎ、ピーマンは適度な大きさに切りフードプロセッサーでみじん切りにする。なすは1cm角、トマトは2cm角に切る。

2 フライパンに油を入れて熱し、ひき肉の色が変わるまで炒める。トマト以外の野菜を加えてしんなりするまで炒めたら、トマトとカレールゥも加えて弱火で5分間炒め煮にする。

3 火を止めてⒶを加え、よく混ぜる。

まるごとトマトのおひたし

トマトのグルタミン酸、めんつゆのイノシン酸で
旨みの相乗効果！ つくりおき推奨♪

|材料|

トマト…2個
Ⓐ｜めんつゆ（3倍濃縮）…40ml、水…100ml
大葉（せん切り）…少々

|作り方|

1 トマトのヘタをくり抜き、おしりに浅く十字に切り込みを入れる。鍋に湯を沸かしトマトを20秒程つける。切れ目から皮がめくれてきたら取り出し、氷水に落とし皮をむく。

2 ポリ袋に2のトマト、Ⓐを入れ、空気を抜いて冷蔵庫でよく冷やす。器に盛り、汁を注いで青じそをのせる。

とうもろこしの冷製ポタージュ

すりおろすからブレンダーいらず。
濃厚でとうもろこしと玉ねぎの甘みが爆発！
子どものおかわりが止まらない！！

|材料|

とうもろこし…1本、玉ねぎ…1/4個、水…200ml
Ⓐ｜牛乳…100ml、塩…2g、バター…5g

|作り方|

1 とうもろこしと玉ねぎをすりおろす。

2 鍋に分量の水を入れ、とうもろこしの芯を入れて3分煮て取り出す。1を入れて、弱火で10分煮る。Ⓐを入れて温める。

手が止まらない！ オクラの唐揚げ

ポイントは片栗粉を2回にわけて
全体にムラができないように！

|材料|

オクラ…1袋、塩…小さじ1、片栗粉…大さじ2
Ⓐ｜醤油…大さじ1/2、にんにく…1cm

|作り方|

1 オクラのネットに直接塩をかけてこすりヒゲを取る。水でサッと流したら1cm幅に切る。ポリ袋にオクラ、Ⓐを入れてなじませて5分置く。

2 1の袋に片栗粉を2回に分けて加え、振りながら粉をつける。フライパンに油を入れて熱し、焼き揚げにする。

夏バテ防止！
手羽元ととうもろこしの
さっぱり煮

ポン酢でさっぱり味に！ とうもろこしにもお肉の旨みが
たっぷり染み込んで手がとまらない！

|材料|

鶏手羽元…8本
Ⓐ｜ポン酢…100ml、水…100m、砂糖…小さじ1
　｜にんにく、しょうが…各2cm
とうもろこし…1/2本

|作り方|

1 とうもろこしは8等分に切る。鶏手羽元の骨に添ってハサミ
で切り込みを入れる。

2 フライパンに油を入れ熱し、中火で肉の表面を焼く。

3 2にとうもろこしとⒶを加え、落としフタをして中火で10分
煮込む。 肉を取り出し、煮汁を煮詰める。

フライパンひとつ！
なすのチーズ田楽

十字に切り込みを入れることで火の通りも早くなり、
味噌も染み込みやすくなります。
なすに多い成分、カリウムで夏バテ防止！

|材料|

なす…1本、スライスチーズ…2枚、油…大さじ1
Ⓐ｜みりん…大さじ1、砂糖…大さじ1/2、味噌…小さじ2

|作り方|

1 なすは2〜3cm幅に切る。片面に十字に切れ込みを入れた
ら水にさらす。Ⓐを合わせて電子レンジで30秒加熱する。

2 水気を拭き取り、フライパンに入れ、先に油をなじませてか
ら火をつけて焼く。返したら上面に加熱したⒶを塗り、4等
分にしたチーズをのせて2分蒸し焼き。

秋

つい食べ過ぎてしまう季節。
バランスよく食べて、健康的に！

しいたけの味噌チーズ焼き

しいたけの軸は美味しいだしが出るから捨てないで〜！！
きざんで使ったり、鍋やスープに入れて旨みを逃さず♪

|材料|
しいたけ…6個
Ⓐ｜ツナ缶…1/2缶、味噌…小さじ1、マヨネーズ…大さじ1
ピザ用チーズ…適量

|作り方|
1 しいたけの軸は手で取ってきざむ。ボウルに**Ⓐ**ときざんだしいたけの軸を合わせる。

2 アルミホイルの上にしいたけを置き、そのくぼみに**Ⓐ**を盛る。チーズをかけてトースターで焼き色がつくまで8分程度焼く。

さつまいものマカロニグラタン

ひと皿でたんぱく質、乳製品も摂れるボリューム満点おかず！
味噌で優しい味わいに。

|材料|
鶏ひき肉…50g、玉ねぎ…50g（1/4個）、さつまいも…100g
マカロニ…30g、薄力粉…大さじ1
Ⓐ｜牛乳…150ml、味噌…大さじ1
ピザ用チーズ…適量

|作り方|
1 玉ねぎは5mm幅、さつまいもは8mm幅に切って水にさらす。マカロニは袋の表記通りの時間でゆでておく。

2 フライパンに油を入れて熱し、肉の色が変わるまで焼く。水を切ったさつまいもと玉ねぎを加え、しんなりするまで炒める。食材に火が通るまで、フタをして蒸し焼きにする。

3 薄力粉を加えダマにならないようによく炒める。ゆでたマカロニと**Ⓐ**を入れて、とろみがつくまでよく混ぜながら煮込む。耐熱容器に移し、チーズをかけて、こんがり焼き色がつくまでトースターで焼く。

柿のマヨサラダ

ヨーグルトがまさかの相性の良さ！
ビタミンC豊富な柿はサラダ仕立てにするのがおすすめです！

材料

柿…1/2個（100g）、きゅうり…80g
Ⓐ｜プレーンヨーグルト…大さじ1と1/2
　｜マヨネーズ…大さじ1、塩、こしょう…少々

作り方

1 柿は皮をむいて種を取り5mm幅に切る。きゅうりはたて半分に切り斜めに薄切りする。

2 ボウルにⒶを入れ合わせ、**1**を加えて和える。

なめことわかめのポン酢和え

5分で完成！　あと一品ほしいときに持ってこいのおかずです。
不足しがちな海藻類はポン酢でさっぱりと！

材料

なめこ…1袋（100g）、きゅうり…80g、乾燥わかめ…5g
Ⓐ｜ポン酢…大さじ3、白ごま…大さじ1

作り方

1 きゅうりは薄切りにして塩もみする。わかめは水で戻し、なめこはお湯で30秒ほどさっとゆでておく。

2 水気をよく切ったきゅうり、わかめ、なめこをボウルに入れ、Ⓐを入れ混ぜる。

ごぼうと舞茸のかき揚げ

ごぼうは油で揚げたり炒めると効率良く栄養がとれます！

材料

ごぼう…70g、まいたけ…130g、薄力粉…大さじ3、油…適量
塩…少々

作り方

1 ごぼうはピーラーで薄切りにする。酢水（分量外）に5分さらしてアク抜きしてから水気を切る。

2 大きめのボウルにごぼうを入れ、薄力粉大さじ1を入れて混ぜる。まいたけと残りの薄力粉を加え少しべたっとなるまで混ぜる。

3 フライパンに油を入れ180℃に熱し、軽くひとつかみして、丸くまとめて揚げる。

旨みは逃さない！
たらときのこの包み焼き

フライパンひとつで完成！
臭みの少ないたらと合わせる野菜はなんでもOK！
彩りよくトマトやブロッコリーなどを使って♪

|材料|

たら…2切れ（200g）、玉ねぎ…1/4個（80g）、しめじ…60g
エリンギ…20g、パプリカ…適量、酒…小さじ2
バター…10g、にんにく…1cm、醤油…小さじ2

|作り方|

1 たらは水分をふき取る。玉ねぎは薄切り、しめじ、エリンギ
は手でほぐす。パプリカは食べやすい大きさに切る。

2 アルミホイルに玉ねぎを敷いて、たらを置き、まわりにしめ
じとパプリカを散らす。酒をかけ、たらににんにくを塗り、
バターをのせて包む。フライパンに水（分量外）を深さ1〜
2cm程度入れて、中〜弱火で10分蒸し焼きにする。

3 食べる直前に醤油をかける。

甘辛！栗の豚巻き

甘栗で代用してもOK！
栗と豚肉には疲労回復に効果的なビタミン群が豊富！

|材料|

むき栗…80g、豚バラスライス肉…100g
塩、こしょう…各少々、薄力粉…小さじ1
Ⓐ|醤油、みりん…各小さじ1、砂糖…小さじ1/2

|作り方|

1 豚バラ肉は巻きやすい大きさに切り、塩こしょうしたら栗に
巻く。フライパンの中で肉に薄く薄力粉をまぶす。

2 フライパンに油を入れて熱し、1を焼く。火が通ったらⒶを
入れ全体にからめ、食べやすい幅に切る。好みの野菜を添
える。

大量消費にも！
白菜のチーズ焼き

豪快にそのまま焼いていただく！
美容に嬉しいビタミンたっぷり！

|材料|

白菜 …1/8個（約280g）、オリーブオイル …大さじ1
にんにく …2cm、ピザ用チーズ …40g、塩、こしょう …少々
ポン酢 …大さじ1

|作り方|

1 白菜は芯を残したまま大きくくし形に切る。ラップに包み電子レンジで3分加熱する。

2 フライパンにオリーブオイルとにんにくを入れて熱し、蒸し焼きにする。芯の部分が柔らかくなったら、塩、こしょう、チーズをかけてさらに蒸し焼きにする。仕上げにポン酢をかける。

ねぎの和風アヒージョ

ヘルシーなささみを使うのは、
オイルにバケットをつけて食べるため…笑
オリーブオイルと白だしは最強の組み合わせ！

|材料|

長ねぎ …1本、鶏ささみ …2本
にんにく…1かけ分
オリーブオイルオイル…80ml、白だし…小さじ1
塩…ひとつまみ、バゲット…適量

|作り方|

1 ねぎは洗い2〜3cm幅に切る。にんにくは皮をむき縦半分に切り、包丁で押し崩す。

2 フライパンにオリーブオイル、にんにくを入れて弱火にかける。にんにくの香りがたったら、筋を取ったささみをはさみで食べやすい大きさに切りながら入れる。すき間にねぎを詰めて5分加熱する。

3 白だし、塩を加え調味したら、さらに5分加熱する。

長いもチーズボール

SNSでつくレポ多数！ 長いもが無限に食べれちゃう！

|材料|

長いも…150g
Ⓐ|片栗粉…大さじ2、粉チーズ…大さじ1、コンソメ…小さじ1
油…適量

|作り方|

1 長いもは皮をむき、適当な大きさに切る。耐熱ボウルに移し
　ラップをかけて600wの電子レンジで4分加熱する。

2 長いもをなめらかになるまでつぶす。Ⓐを加えよく混ぜたら
　直径2cm程度の大きさに丸める。

3 フライパンに1cm程度油を入れて170℃に熱し、**2**を焼き色
　がつくまで揚げ焼きする。

かぶのベーコン炒め

かぶは根と茎、葉で栄養成分が違う野菜です。根は整腸作用に。
かぶの葉はビタミンが豊富なので一緒に炒めて食べよう♪

|材料|

かぶ…2個、かぶの葉（あれば）、厚切りベーコン…50g
オリーブオイル…大さじ1、酒…大さじ2
Ⓐ|塩…少々、粉チーズ…大さじ1

|作り方|

1 かぶは皮をむいて6等分に切る。葉っぱは2cm幅に切って
　洗っておく。ベーコンは1cm幅に切る。

2 フライパンにオリーブオイルを入れ熱し、かぶとベーコンを
　焼く。酒を加え3分間蒸し焼きにする。火が通ったらⒶを加え
　味を整える。

大根フライ

大根は揚げても美味しいんです！
ビタミンCが多くて美肌効果や風邪予防もばっちり！

|材料|

大根…200g
Ⓐ|醤油…大さじ1、砂糖…小さじ1/2、にんにく…1cm
Ⓑ|片栗粉、薄力粉…各大さじ2
油…適量、ケチャップ、マヨネーズ…各適量

|作り方|

1 大根を1cm角に切る。Ⓐで下味をつけ5分おく。ポリ袋にⒷ
　を入れ軽く混ぜて、大根を入れて空気を含ませて振る。

2 フライパンに油を熱し、揚げ焼きにする。

しみしみ鶏大根の こってり煮

大根はレンチンで時短に！
たんぱく質の鶏肉も加えてボリュームUP。
しょうがを入れて体もポカポカに。

材料

鶏もも肉…1枚（250g）、大根…300g、ごま油…適量
Ⓐ 水…300ml
　 鶏ガラスープの素…小さじ1
　 しょうが…2cm
細ねぎ（分量外）…少々

作り方

1 鶏肉はひと口大に切る。大根は8mm幅に切り、耐熱ボウルに入れて、ラップをしてレンジで3分加熱する。

2 フライパンにごま油を入れて熱し、鶏肉を炒める。色が変わったら1の大根とⒶを加えて、中火で10分間煮る。器に盛り細ねぎをちらす。

揚げない里いもコロッケ

炒めたパン粉はいろんな料理でアレンジも可能♪
里いもは野菜の中でもむくみ予防の
カリウムの含有量トップクラス！
ぬめり成分には血糖値の上昇を予防する効果も。

材料

里いも…8個（300g）、豚ひき肉…100g
玉ねぎ（みじん切り）…50g
Ⓐ｜塩、こしょう…少々、顆粒コンソメ…小さじ1/2
パン粉…30g、オリーブオイル…大さじ1
中濃ソース…お好みで

作り方

1 里いもは皮をむき食べやすい大きさに切り、電子レンジで4分加熱し、つぶしておく。耐熱ボウルに玉ねぎ、ひき肉、Ⓐを入れて軽く混ぜ、ラップをかけて電子レンジで3分加熱する。

2 フライパンにオリーブオイルとパン粉を入れ、弱火でじっくりきつね色になるまで炒める。

3 1を全て混ぜ合わせ、スプーンでひと口大にすくって丸め、パン粉に落とし入れて、手で形成する。お好みで中濃ソースをかける。

あとがき

このたびは、数あるレシピ本の中からこの本を手に取っていただき、
本当にありがとうございました！

「食事はどの年齢でも生活に関わる大切なもの」
とわかってはいるけど、つくるのが面倒だったり、
栄養がたりているのか不安になりませんか？

つくるのが面倒だと思うことは、もちろん私もあります。
そのときは手抜きをしたり、インスタントにも頼ったり、
「今日くらい栄養バランスのことを忘れよう！」と割り切る日もあります。

だからこそ、"ひと手間加えるだけ"で栄養バランスが整う工夫をしたり、
あまり栄養に対しての知識がなくても"献立を立てるコツ"を知ってほしいと思いました。

出産し、環境が変わったことで、
「給食や食事のありがたさ」をまた知ることができました。

「毎日ごはんをつくってくれてありがとう」と代わりに伝えたいくらい、
毎日つくるのって大変ですよね。
ちょっと頑張ってつくったら、自分にご褒美をあげてください！
あまりストレスにならないよう、それぞれのペースで大丈夫です！

最後に、インスタグラムやSNSを通じていつも温かい応援をしてくださるみなさま。
「aoiさんのレシピで子どもが野菜を食べました！」
「このレシピ、我が家でリピートしてます！」
など、毎日嬉しいご報告をありがとうございます。
まだ小さい子どもを育てる母として、
同じ目線でお話しできるのがとっても嬉しいし、励みになっています。
おかげで、料理一筋の私がこのレシピ本という夢を叶えることができました。
本当に感謝の気持ちでいっぱいです。

この本を通じて、家族の笑顔や話のきっかけが増えるお手伝いができたら嬉しいです。
ぜひ、毎日の食事のお役に立てるよう、心より願っています。

aoi

Profile

aoi

栄養士・食育インストラクター

"食べるものは子どもと一緒がいい"。愛知県在住、2児の母（3歳、1歳）。常に子どもと一緒に食べられる料理を考案。2022年、育休中に始めたInstagramで、主婦ならではの視点で「家族に愛されごはん」が反響を呼び、半年でフォロワー数16万人（2023年11月現在では20万人超）に。長年飲食店で働いていた経験・アイデアと、元保育園の栄養士として献立を作成していた知識を活かし、"料理が苦手な方も、得意な方も楽しめるように"がモットー。SNSでは、子供は嬉しい大人は懐かしい「給食再現レシピ」「ひと手間で栄養バランスが整うコツ」を中心に発信。

Instagram
https://www.instagram.com/aoi_eiyougohan

給食の先生がつくる家族に愛されごはん

2023年12月20日　初版発行

著	aoi
発行者	山下直久
編集長	藤田明子
担 当	岡本真一
編 集	ホビー書籍編集部
装 丁	Boogie Design
撮 影	島田勇子
撮影協力	MADANASASO
発 行	株式会社KADOKAWA 〒102-8177 東京都千代田区富士見2-13-3 TEL：0570-002-301（ナビダイヤル）
印刷・製本	大日本印刷株式会社

●お問い合わせ
https://www.kadokawa.co.jp/（「お問い合わせ」へお進みください）
※内容によっては、お答えできない場合があります。
※サポートは日本国内のみとさせていただきます。
※Japanese text only